Carl Veith

Das römische Köln im Jahre 1885

Carl Veith

Das römische Köln im Jahre 1885

ISBN/EAN: 9783955642631

Auflage: 1

Erscheinungsjahr: 2013

Erscheinungsort: Bremen, Deutschland

@ EHV-History in Access Verlag GmbH, Fahrenheitstr. 1, 28359 Bremen. Alle Rechte beim Verlag und bei den jeweiligen Lizenzgebern.

DAS

RÖMISCHE KÖLN

IM AUFTRAGE DES VORSTANDES
DES VEREINS VON ALTERTHUMSFREUNDEN IM RHEINLANDE

VERFASST

VON

CARL von VEITH,
GENERALMAJOR Z. D.

Inhalt.

		Seite
I.	Caesar's Kämpfe mit den Germanen am Rhein, 58 bis 51 v. Chr.	1
	1. Schlachten gegen Ariovist und gegen die Usipeter	1
	2. Erster Rheinübergang Caesar's, 55 v. Chr.	3
	3. Aufstand der Eburonen, 54 v. Chr.	3
	4. Zweiter Rheinübergang Caesar's, 53 v. Chr.	4
	5. Vernichtung der Eburonen	4
II.	Agrippa's Ubierstadt, 38 v. Chr. bis 50 n. Chr.	5
	1. Agrippa's Rheinübergang und Ansiedlung der Ubier im Eburonenlande, 38 v. Chr.	5
	2. Die Ara Ubiorum im heutigen Inselrevier von Köln	6
	3. Agrippa's Römerlager in Köln	8
	4. Strassen, Thore und Befestigung des Lagers	12
	5. Innerer Raum des Lagers	16
	a) Nördlicher Theil	16
	b) Oestlicher Theil, am Rheinufer	17
	c) Südlicher Theil	18
	d) Westlicher Teil	18
	6. Wasserleitungen des Lagers	18
III.	Römisch-germanische Kriege seit Kaiser Augustus	21
	1. Rheinübergänge der Germanen	21
	2. Kriege des Drusus, 12 bis 9 v. Chr.	21
	3. Kriege des Tiberius	22
	4. Niederlage des Varus, 9 n. Chr.	23
	5. Aufruhr der römischen Legionen am Niederrhein, 14 n. Chr.	24
	6. Kriege des Germanicus 14 bis 16 n. Chr.	26
IV.	Colonia Claudia Augusta Agrippinensis, gegründet 50 n. Chr.	27
V.	Vitellius in Köln zum Kaiser erhoben, Aufstand der Bataver, 69 bis 70 n. Chr.	29
VI.	Trajan, Gallienus, Probus, 98 bis 282 n. Chr.	30

		Seite
VII.	Kaiser Constantin der Grosse, 305 bis 337 n. Chr.	31
	1. Rheinbrücke	32
	2. Deutzer Castrum	33
	3. Erweiterung der Colonia	34
VIII.	Der Franke Silvanus in Köln zum Kaiser erhoben und ermordet 355, Julian in Köln 357	38
IX.	Rückzug der Römer aus Köln, Herrschaft der Franken, 400 n. Chr.	40
X.	Das Christenthum in Köln	40
XI.	Fundverzeichniss	43
	Plan der Stadt und Fundkarte.	

Das Kölner Land „der Obinge und Agrippinen", wie es in der Sage vom Eckenlied im 12. Jahrhundert heisst, zeigte nach Caesar's, Tacitus, Strabo's Berichten schon vor zwei Jahrtausenden seine historische Wichtigkeit und Bedeutung. Die Alterthumsreste jener Römerzeit sind jetzt oft 3 m hoch vom Schutt wiederholter Zerstörungen der alten Stadt überdeckt, und nur Nachgrabungen bringen die römischen Strassen und Kanäle, die Fundamentreste der Befestigungsmauern und Türme, die römischen Tempel und Gebäude zu Tage, bereichern durch zahlreiche Altäre, Inschriften, Münzen und Kunstwerke aller Art unsere Museen und Privatsammlungen.

Die nachfolgenden Blätter sollen neben einer kurzen Zusammenstellung der geschichtlichen Ereignisse in dem halben Jahrtausend der Römerherrschaft ein Verzeichniss der wichtigsten Linien, Punkte und Fundorte aus der damaligen Zeit geben, und somit einen Rahmen bilden, in welchem sich spätere Funde ohne Mühe nachtragen lassen. Auf solche Weise wird es allein möglich sein, ein Bild der topographischen Verhältnisse in jener fernliegenden Zeit als eine Grundlage für die historische Forschung zu gewinnen.

Ein grosser Theil der verwertheten Resultate fand sich in den bisher erschienenen 80 Heften der Bonner Jahrbücher des Vereins von Alterthumsfreunden im Rheinlande niedergelegt, die Zusammenstellung derselben soll unser lebhaftes Interesse für den alten Glanz und für die hervorragende historische Bedeutung unserer rheinischen Metropole Colonia von Neuem beweisen.

I. Caesar's Kämpfe mit den Germanen am Rhein, 58 bis 51 v. Chr.

1. Schlachten gegen Ariovist und gegen die Usipeter.

Caesar's Kriege am Rhein sollten die Germanen über diesen Strom zurückdrängen, als dies kriegerische Volk die römische Herrschaft mit ähnlichen Gefahren bedrohte, wie sie fünfzig Jahre vorher der cimbrische Schrecken nach Italien gebracht hatte.

Die blutigen Schlachten Caesar's gegen die unter Ariovist vereinigten Marcomannen, Sueben, Harudern etc. bei Belfort im Jahre 58 v. Chr.[1], dann gegen die Usipeter und Tencterer am Zusammenfluss der Roer und Maas im Jahre 55 v. Chr.[2], seine Rheinübergänge in

---

1) Caesar B. G. 1 52 und Pick's Monatsschrift V 495.
2) Caesar B. G. IV 14 und Pick's Monatsschrift VI 1.

den Jahren 55 und 53 v. Chr. zwischen Köln und Bonn [1]) erschlossen unser Deutschland für die Weltgeschichte, erst seit jener Zeit sprechen Caesar, Posidonius und Strabo von Land und Leuten dieser Gegenden.

Als Caesar im Jahre 55 v. Chr. in das Kölner Land kam, welches im alten Juliacum der Itinerare den Namen des Eroberers bewahrt hat, wohnten hier zwischen Rhein und Maas die Eburonen. Einige Namen dieser Eburonen, wie Ambiorix, Catuvolcus, Aduatuca weisen nach Zeuss und Glück's Angaben auf keltischen Ursprung hin, während das altgermanische Stammwort Ebur ein Sumpfland andeutet. Dies Volk grenzte südlich von Köln und Düren an die Trevirer, nördlich an die Menapier. Am rechten Rheinufer wohnten damals von der unteren Lippe bis zur Wupper die Usipeter, Tencterer und Sugambrer, von hier bis zum Main am Rheingestade die Ubier, mehr landeinwärts östlich von diesen die Sueben-Chatten. Beim Rückzug der Germanen nach der Schlacht gegen Ariovist wurden die Sueben-Chatten von den Ubiern angegriffen und erlitten dabei grosse Verluste, wodurch der alte Hass zwischen diesen Völkern neue Nahrung erhielt [2]). Caesar sagt, dass die Ubier damals nach germanischen Begriffen einen grossen und blühenden Staat bildeten, auch kultivirter waren als ihre übrigen Stammesgenossen, da sie unmittelbar am Rhein wohnten, viel Handelsverkehr besassen und manche Sitten ihrer gallischen Nachbarn angenommen hatten. Den Sueben gelang es nicht, sie vom Rheinufer zu verdrängen, wohl aber sie zinsbar zu machen.

Ueber diese Anmassungen der tapferen Sueben-Chatten, denen nicht einmal die Götter gewachsen seien, beschwerten sich schon damals deren Nachbarn, die Usipeter und Tencterer, welche mit Weib und Kind etwa eine halbe Million Menschen stark, den Rhein an der Lippe-Mündung überschritten, in das Land der Menapier, und im Jahre 55 v. Chr. bis in die Gegend südlich von der Roer-Mündung kamen [3]). Sie schickten von hier eine Gesandtschaft an Caesar, als dieser um solchen Einwanderungen entgegenzutreten das Land der Condrusen, südlich von Lüttich besetzte, und sagten, sie wären heimathlos, hätten keine feindlichen Absichten gegen ihn, würden sich aber nach altgermanischer Sitte gegen Angriffe zu vertheidigen wissen. Sie baten ihn um Anweisung fester Wohnsitze. Caesar antwortete, dass am linken Rheinufer keine Ländereien für solche Volksmassen frei wären, die ihr ehemaliges Gebiet nicht hätten schützen können. Sie sollten sich bei den Ubiern, denen er die nöthigen Anweisungen geben würde, auf dem rechten Rheinufer ansiedeln [4]).

Die Gesandtschaft der Usipeter und Tencterer bat alsdann um drei Tage Waffenstillstand, um sich mit den Ubiern in Verbindung zu setzen, wenn deren Fürsten und Aelteste ihnen durch feierlichen Eid Sicherheit geben wollten. Aber das Volk der Usipeter und Tencterer, durch Hinterlist Caesar's seiner Führer beraubt, wurde am Einfluss der Roer in die Maas vom römischen Heere vernichtet [5]). Der grösste Theil der germanischen Reiterei entkam nördlich vom heutigen Köln über den Rhein zu den Sugambrern, und als Caesar von diesen ihre Auslieferung verlangte, antworteten dieselben, der Rhein sei die Grenze der römischen Herrschaft, für das rechte Rheinufer habe Caesar nichts zu befehlen.

1) Caesar B. G. IV 16 und VI 9, Pick's Monatsschrift VI 87.
2) Caesar B. G. I 54.   3) Caesar B. G. IV 6.
4) Caesar B. G. IV 8.   5) Pick's Monatsschrift VI S. 13.

2. Erster Rheinübergang Caesar's bei Wesseling, 55 v. Chr.

Die Ubier hatten Freundschaft mit Caesar geschlossen und Geiseln gestellt [1]). Sie baten ihn um Hülfe gegen die Sueben - Chatten. Caesar möchte mit seinem Heer über den Rhein kommen, um schon durch das Erscheinen dieser ruhmreichen Truppen und durch den Ruf ihrer Verbindung mit dem römischen Volk ihnen Sicherheit zu gewähren. Sie versprachen ihm hinreichende Schiffe, um sein ganzes Heer über den Rhein zu setzen. Caesar aber zog es vor (oberhalb Köln beim heutigen Wesseling [2]), im Juni des Jahres 55), eine Jochbrücke zu schlagen, die in zehn Tagen zu Stande kam, ging über den Rhein, durch das Ubierland in das Land der Sugambrer, welches er verwüstete, kehrte dann zu den Ubiern zurück, versprach ihnen in Zukunft Hülfe gegen die Sueben, die sich im Innern ihres Waldlandes gesammelt hatten, und ging nach achtzehntägigem Aufenthalt auf dem rechten Rheinufer über seine Brücke zurück, um sein Heer zur Maas und über das Meer nach Britannien zu führen. Auch hier blieb er nur achtzehn Tage, wiederholte diesen Uebergang nach Britannien im folgenden Jahre und kehrte dann nach Gallien zurück [3]).

3. Aufstand der Eburonen, 54 v. Chr.

Im Spätherbst des Jahres 54 v. Chr. standen 15 römische Cohorten im Winterquartier in Aduatuca castellum, das heisst in dem heutigen Limburg. Da empörten sich die Eburonen, die ehemaligen Bewohner des Kölner Landes unter ihren Fürsten Ambiorix und Catuvolcus gegen die römische Herrschaft und eröffneten einen mehrjährigen Krieg, der mit der Vernichtung jener 15 Cohorten von etwa 8000 Mann, im Vesdrethal zwischen Aduatuca castellum und dem heutigen Verviers, begann [4]).

Die siegreichen Eburonen verbündeten sich mit ihren dortigen Stammesgenossen, belagerten im November jenes Jahres mit allen Mitteln der damaligen Kriegskunst das Winterlager des Q. Cicero auf den Höhen des heutigen Namur [5]).

Als die Römer dort auf's Aeusserste gebracht waren und einen grossen Theil der Besatzungslegion verloren hatten, kam Caesar in sieben beschleunigten Märschen von Amiens her in die Gegend des aus neuerer Zeit berühmten Schlachtfeldes von Fleurus - Ligny, und schlug mit seinem kleinen Heer von 7400 Mann das wenigstens sechsfach überlegene germanische Belagerungsheer, welches am Orneaubach Stellung genommen hatte.

Diese Kämpfe der Römer mit unsern niederrheinischen Vorfahren, welche mehr noch als durch die oft todten Sprachstudien durch die Feststellung der Oertlichkeiten Leben und Interesse gewinnen, bringen uns die ersten Nachrichten über jene fernen Zeiten und Gegenden, in denen die blutigen Keime welthistorischer Kulturentwicklung gelegt wurden.

Die Nachricht von diesem Siege Caesar's kam damals in zehn Stunden von Namur zu dem zwölf deutsche Meilen entfernten Lager des Labienus an der Semois. Labienus schlug

---

1) Caesar B. G. IV 16.   2) Pick's Monatsschrift VI S. 87.
3) Vgl. die Geschichte Julius Caesar's von Napoleon III. Berlin 1867.
4) Caesar B. G. V 26 und Pick's Monatsschrift IV 419.   5) Pick's Monatsschr. V 275.

darauf die Trevirer, Caesar die Menapier. Mit dem vereinigten Römerheer von zehn Legionen, 50000 Mann mit 5000 Reitern, marschirte dann Caesar über Düren auf unser heutiges Bonn.

4. Zweiter Rheinübergang, 53 v. Chr.

Im Juni des Jahres 53 überschritt dies Heer wiederum auf einer Jochbrücke den Rheinstrom, wo damals bei Gensem und Schwarz-Rheindorf die Sieg in denselben mündete. Caesar wollte die Sueben schlagen und seinem Todfeinde, dem Eburonenfürsten Ambiorix, den Rückzug über den Rhein abschneiden[1]).

Die Ubier des rechten Rheinufers versicherten Caesar durch Gesandte ihre alte Treue und boten ihm durch Rath und That Hülfe gegen die Sueben an. Sie brachten alle ihre bewegliche Habe vom flachen Lande in ihre Städte (oppida), zu denen ausser dem heutigen Deutz gewiss auch das feste Siegburg gehörte, und mussten Kundschafter in das Suebenland schicken, um die dortigen Vorgänge zu erfahren.

Unterdessen lagerte Caesar am linken Siegufer, wahrscheinlich am Käsberg, zwischen Warth und Blankenberg. Die Ubier meldeten ihm den Rückzug der Sueben nach dem Baceniswalde, das ist der heutige Patschoser Wald am Ederkopf. Allein die Schwierigkeiten, ein so grosses Heer in jenen Waldgebirgen längere Zeit hindurch zu verpflegen, zwangen Caesar, den Vormarsch gegen die Sueben aufzugeben und über den Rhein zurückzukehren.

5. Vernichtung der Eburonen.

Nach diesem Misslingen richteten sich alle Bemühungen Caesar's gegen die Eburonen. Basilius überfiel sie mit der Reiterei bei seinem Rückmarsch von Bonn über Düren, am zweiten Marschtage in der Gegend von Cornelimünster-Aachen[2]). Ambiorix verlor dabei sein ganzes Gepäck mit Karren und Pferden, entkam aber für seine Person, während die Eburonen nach allen Seiten hin zersprengt wurden, theilweise ihre Heimath verliessen, und Fürst Catuvolcus, der Bruder des Ambiorix, sich aus Verzweiflung vergiftete.

Bei Aduatuca castellum (Limburg) theilte Caesar sein Heer in drei Kolonnen, jede zu drei Legionen, und übernahm persönlich die Führung der ersten Kolonne, welche von Limburg aus die Eburonen in südlicher Richtung verfolgte. Professor Bergk[3]) hat nachgewiesen, dass Caesar damals nicht zur Scaldis (Schelde) ziehen konnte, was schon nach Lage der Oertlichkeit und der Zeit unmöglich war, sondern zur Calbis, das heisst zur oberen Kyll in der Eifel marschirte, und zwar auf einem sehr alten Wege, der von Limburg über Sourbrodt zum Heidenkopf bei Jünkerath und Hillesheim führt[4]). Unsre Eifel erhält durch diese Erwähnung eine Bedeutung, welche für die historische Forschung von hohem Interesse ist, und in jene ferne dunkle Zeit einige Lichtblicke wirft.

Caesar's Zug nach der Kyll war ebenso erfolglos wie seine Rheinübergänge. Ambiorix entkam seinen Verfolgern, und Caesar kehrte am achten Tage nach Limburg zurück.

---

1) Caesar B. G. VI 9 und Pick's Monatsschrift VI 96   2) Caesar B. G. VI 30.
3) Bergk, zur Geschichte und Topographie der Rheinlande, Leipzig 1882. S. 33.
4) Pick's Monatsschrift IV S. 424 und Bonner Jahrbücher 79 S. 4.

Während dieses Rachezuges hatten 2000 sugambrische Reiter den Rhein unterhalb Köln an der Wuppermündung überschritten und gleich den Römern einen Plünderungszug in das unglückliche Eburonenland unternommen. In der Aachener Gegend erfahren sie von Gefangenen, dass sie in drei Stunden das von den Römern schwach besetzte Aduatuca castellum mit allen Reichthümern des Gepäcks von 9 Legionen erreichen und plündern könnten. Als die Besatzung des Lagers ausserhalb desselben fouragirt, erscheinen plötzlich jene sugambrischen Reiter vor der porta decumana, werden hier von der Thorwache abgewiesen, werfen sich auf die Fourageurs, metzeln zwei römische Cohorten nieder und ziehen sich eben so eilig dahin zurück, woher sie gekommen waren, während Caesar's Reiterei in der Nacht darauf von der Kyll her das römische Kastell wieder erreicht.

Die Beschreibung dieser Episode ist in ihrer lebendigen Schilderung ein Meisterwerk Caesar's und giebt ein treffliches Bild der damaligen Zustände und Ereignisse.

Der geächtete Ambiorix ging auf das rechte Rheinufer und nur einzelne Flüchtlinge der Eburonen kehrten in ihre Heimath zurück. Aber noch einmal zwei Jahre später, im Jahre 51 v. Chr., bevor er für immer Gallien verliess, zog Caesar mit seinen Legionen in das Eburonenland, um die Reste dieses Volkes mit Feuer und Schwert zu vernichten[1]). Das ist ihm gelungen, und nur einen Nachklang des Namens der Eburonen bewahrt uns vielleicht das Dorf Efferen, 5 km südwestlich von Köln, interessant durch einzelne Römerfunde und nach Prof. Birlinger's Annahme durch seinen Namen, im Mittelalter „villa Everiche dicta", im sprachlichen Zusammenhange mit Eburones. Die letzten Reste der germanischen Eburonen wären nach Tacitus Germania c. 2 in den Tungern zu suchen.

Auf Caesar's Feldherrngrösse haftet der Makel dieser rücksichtslosen Niedermetzelung eines Volksstammes ebenso wie der seines Verfahrens gegen die germanischen Usipeter und Tencterer, welche der römische Senat einst öffentlich gebrandmarkt hatte[2]). Beide Thaten charakterisiren die Art der damaligen Kriegführung.

II. Agrippa's Ubierstadt, 38 v. Chr. bis 50 n. Chr.

1. Agrippa's Rheinübergang und Ansiedlung der Ubier im Eburonenlande.

Die Nachfolger und Erben des von Caesar im Kölner Lande vernichteten Eburonen-Volkes wurden dreizehn Jahre später die Ubier, welche schon seit dem Erscheinen der Römer in jener Gegend (55 v. Chr.) sich stets als deren Freunde erwiesen hatten. Die Ubier waren durch ihre Wohnsitze am Rhein ein wohlhabender Volksstamm, der fleissig Ackerbau, lebhaften Schiffs- und Handelsverkehr trieb, dessen oppida wir im heutigen Deutz, zum alten Gau Tuizingowe zwischen Wupper und Agger gehörig, und im alten Siegburg, dessen Urkunden leider nicht über ein Jahrtausend hinausreichen, annehmen. Die ehemalige Bedeutung dieser Punkte als Sitze der Regierung geht wenigstens indirekt aus der erwähnten Thatsache hervor, dass die Usipeter und Tencterer im Jahre 55 eine dreitägige Frist von Caesar erbaten,

---

1) Caesar B. G. VI 34, 43 und VIII 24, 25. 2) Plutarch Cato min. 51.

um mit den Fürsten und Aeltesten der Ubier zu verhandeln[1]). Jene beiden Punkte waren 12 deutsche Meilen vom Römerlager bei Valkenburg entfernt, so dass ausgezeichnete Reiter, wie es die Tencterer waren, solche Entfernungen mit Einschluss der Verhandlungen in der gegebenen Frist wohl zurücklegen konnten.

Die Ubier wurden von Agrippa auf das linke Rheinufer geführt. Dadurch gewannen die Römer am Rhein im heutgen Köln den ersten starken militärischen Stützpunkt in dem weithin verwüsteten Lande der neuen Ansiedler. Das historisch wichtige Ereigniss ergiebt sich aus den spärlichen Nachrichten der römischen Schriftsteller[2]), „dass der römische Feld-„herr Agrippa im Jahre 38 n. Chr. als Statthalter nach Gallien geschickt wurde, wo einige „Völker sich empört hatten, in Händeln lebten, und wo die Ubier von den Sueben-Chatten „seit langer Zeit hart bedrängt wurden. Agrippa schuf Ordnung, ging als der zweite Römer „mit einem Heer über den Rhein und wies den Ubiern auf deren Wunsch Wohnsitze auf dem „linken Rheinufer an."

Die Ubier traten dadurch zu den Römern in ein Vertragsverhältniss, anfänglich wohl unter deren Bewachungsschutz, bis später ihre Treue als erprobt und bewährt erkannt war[3]).

Es lässt sich annehmen, dass Agrippa bei seinem Rheinübergange den Spuren Caesar's folgte. Da hier nicht wie sonst von einer Brücke die Rede ist, so setzten vermuthlich die besonders betheiligten Ubier die wenigen römischen Legionen auf Schiffen über, und zu einem Kampfe mit den Sueben wird es auch hier nicht gekommen sein. Einst hatte Caesar den Gesandten der Usipeter und Tencterer erklärt, das linke Rheinufer böte keine Ländereien für die Germanen. Jetzt aber lag das von ihm verwüstete Eburonenland für die befreundeten und von Feinden bedrohten Ubier offen da, so dass diese sich allmälig landeinwärts ausdehnen konnten. Die nördliche Grenze bildete schon dem Namen zufolge Geld-uba, das heutige Gellep, die westliche Grenze das ebenso bezeichnende Marcodurum, das heutige Düren, wo im Jahre 69 n. Chr. ubische Cohorten standen und von den Batavern des rebellischen Civilis niedergemetzelt wurden[4]). Im Süden dehnte sich das neue Ubierland wahrscheinlich bis zur Ahr aus. Das rechte Rheinufer wird von den Ubiern schwerlich gänzlich auch bis über die Lahn hin aufgegeben worden sein, und nur die am meisten bedrohten Landbewohner werden mit ihren Fürsten und Aeltesten die neue Heimath gewählt haben.

2. Die ara Ubiorum im heutigen Inselrevier von Köln.

Für die Umgegend und die Bevölkerung der durch Agrippa gegründeten Stadt (oppidum) wurde die ara Ubiorum der religiöse und politische Mittelpunkt. Die deutschen Gottheiten wurden dort an Eidesstatt als Zeugen für das Bündniss der Ubier mit den Römern angerufen, und dies Verhältniss drückte sich deutlich dadurch aus, dass im Jahre 9 n. Chr. der Sohn des Cheruskerfürsten Segestes, Segimundus, der damals zum Priester beim Altar der Ubier erwählt war, beim Ausbruch des Aufstandes gegen Varus seine Priesterbinde zerriss, zu den Cheruskern entfloh, später aber von den Römern begnadigt wurde[5]).

---

1) Caesar B. G. IV 9.   2) Strabo IV 3 p. 194, Tac. ann. XII 27 und Dio Cassius 54, 11.
3) Tac. ann. XII 27, Germania 28 und Sueton. Augustus 21.
4) Tac. hist. IV 28.   5) Tac. ann. I 57.

Der Ubier-Altar stand wahrscheinlich in einem Tempel, wie wir dergleichen im gallischen Lugdunum, Vienna, Nîmes kennen, wo heimische Gottheiten in Verbindung mit den römischen Herrschern verehrt wurden. Jener Tempel in Köln wurde später eine Kapelle für den christlichen Gottesdienst. Ueber den Standort dieser ara ist lange gestritten worden. Wurde sie doch im Jahre 1809 auf dem Römerplatz in Bonn feierlich aufgestellt, bis man nach Jahren den historischen Fehlgriff einsah, die 2 m hohe ara in der Stille von dort entfernte und sie in das Bonner Universitätsmuseum brachte, wo sie noch jetzt mit der Inschrift „Deae victoriae sacrum" nach dem Katalog unter Nr. 77, „als wahrscheinlich in Köln gefunden" aufgestellt ist. Noch in neuester Zeit entspann sich über dieselbe ein litterarischer Streit, an dem sich die Professoren Düntzer und Bergk betheiligten, in Folge von Dr. Schwann's Schrift „der Godesberg und die ara Ubiorum in ihrer Beziehung zu castra Bonnensia, Bonn 1880."

Die Kölner ara Ubiorum hat Wichtigkeit und lokales Interesse, insofern gewisse historische Ereignisse sich auf ihren Standort beziehen[1]). Auf Tacitus Worte gestützt sprach schon Prof. Bergk die Vermuthung aus, ara Ubiorum sei nicht bloss jener Altar, sondern in übertragener Bedeutung der Name der Ubierstadt, wie dies in neuester Zeit[2]) wirklich durch Inschriften nachgewiesen worden ist, ähnlich wie eine Strasse im Inselrevier von Köln, allerdings in anderer Beziehung, noch jetzt „auf der Aar" heisst.

Professor Düntzer, einer der gründlichsten Kenner der Kölner Vergangenheit, hat den ehemaligen Standpunkt der ara Ubiorum im 26. Heft der Bonner Jahrbücher S. 62 aufgeklärt und festgestellt. Danach führte die Kölner porta fori, das ist das Rheinthor oder die Marpforte, zum Markt der früheren Rheininsel. Hier stand der Tempel, das delubrum Martis, schon vom heiligen Maternus eingerissen; nach der Kölner Chronik lag an der Stelle die im Jahre 1248 gründlich zerstörte und später abgetragene „capella upper Saltzgasse". Die Stelle liegt in der heutigen engen Salzgasse am Ende des Fisch- und Buttermarkts. Der Tempel barg einst das Schwert Caesars[3]). Er stand nur 5 m über dem heutigen mittleren Wasserstande des Rheins, 60 m vom Rhein, 230 m vom Rheinthor des Römerlagers, in einer flachen Thalmulde, die sich zum Strom hinzieht und wo damals statt der jetzigen engen Gassen wahrscheinlich ein heiliger Hain lag. In der Nähe der Kapelle „upper Saltzgasse" war schon in ältester christlicher Zeit die Kirche Maria in litore (Lyskirchen) im späteren Dörfchen Nothhausen, südlich von der ara, und 100 m nördlich von derselben St. Martin, dessen Kirche und Kloster wiederholt zerstört wurden[4]).

St. Martin führte den Namen „in insula" und es ergiebt sich hieraus der Inselcharakter jener Gegend für das Mittelalter, wenn diese Inselbildung auch für die Römerzeit immerhin fraglich, wenigstens nicht erwiesen ist. Nach Ennen und Wallraf[5]) bildete der heutige Rheinhafen neben der ehemaligen Rheinau-Insel den Eingang zu einem Flussarm, der vom Bayenthurm über den Holzmarkt, Malzbüchel, Altenmarkt über die Trankgasse auf Cunibert wieder zum Rhein führte. Die dadurch gebildete Insel soll eine Länge von 1500 m bei etwa 120 m, der Rheinarm eine Breite bis zu 150 m gehabt haben (besonders zur Zeit von Hoch-

---

1) Tac. ann. I 31 und 38.   2) B. J. 79 S. 189 und IV dieser Abhandlung.   3) Sueton. Vitellius 8.
4) Ennen, Geschichte der Stadt Köln, I S. 197.
5) Wallraf, Geschichte der Stadt Köln, Köln 1818.

fluthen). Das bei mittlerem Rheinstande wasserfreie Inselrevier bildete jedenfalls für die Ubier eine geeignete Ansiedlungsstätte und bot für den lebhaften Schiffsverkehr dieses Volkes den besten Marktplatz zum Landen neben dem höhergelegenen römischen Köln.

Dort nahe am Rhein, am Fuss der Römerveste stand die ara Ubiorum als Mittelpunkt des alten oppidum Ubiorum mit den Wohnungen der Fürsten und Aeltesten des Volkes; in der Nähe befand sich das Wohnhaus des Germanicus, wo ihn, wie wir später sehen werden, im Jahre 14 n. Chr. die Abgesandten des römischen Senates finden, nicht im Römerlager der 1. und 20. Legion[1]). Die nachbarliche Gemeinschaft der Familie des Germanicus mit den vornehmen Ubiern konnte für die dort im Jahre 16 n. Chr. geborene Agrippina die Veranlassung werden, das später zu eng gewordene oppidum durch Ueberweisung des Römerlagers zur Colonia Agrippinensis zu erweitern.

Jenes alte oppidum des Inselreviers schützte sich wahrscheinlich durch Wälle am Rheinufer entlang, etwa in der Richtung der späteren fränkischen Mauern, aber mit Anlehnung an die Römerwälle der Maria alta und des Domhügels. Solche Wälle waren gegen die Hochfluthen des Rheins eben so nothwendig, wie gegen feindliche Ueberfälle. Bezeichnend ist es dabei, dass nach der Chronik von St. Martin die rechtsrheinischen Sachsen im Jahre 778 vergeblich versuchten, den Rhein zu überschreiten, und dass nach der Zerstörung von Deutz nur eine Abtheilung dieser Sachsen nach der Rheininsel zu Schiffe übersetzte, um Kirchlein und Kloster von St. Martin zu zerstören und zu verwüsten. Diese Zerstörungen wurden nach der Herstellung des Klosters von den Normannen in den Jahren 846, 882 und 883 wiederholt, so dass ganz Köln in Folge solcher Verwüstungen viele Jahre lang in Schutt und Trümmern lag[2]).

3. Agrippa's Römerlager in Köln.

Die vielfachen Bestrebungen, die älteste Geschichte unserer rheinischen Metropole aufzuklären, werden leider durch keine direkten Ueberlieferungen in Betreff der Oertlichkeit des Kölner Römerlagers unterstützt, dieses Schauplatzes der wichtigen historischen Ereignisse zur Zeit Christi, welche uns von Tacitus ausführlich und in einer höchst anziehenden Weise erzählt werden.

Stephan Brölmann, seine Zeitgenossen und Nachfolger zeigen uns in anschaulichen Kupferstichen die Arbeiten der römischen Legionäre beim Bau der Cäsarischen Jochbrücke, den Uebergang der Römer über den Rhein und ihre Verwüstungen bis zu dem Anzünden der germanischen Gehöfte, dann auch den Bau des Kölner Lagers mit allen Details beim Aufführen der Mauern und Türme. Auf diesen Bildern liegt das Lager symmetrisch dem heutigen Deutz und seiner Steinbrücke gegenüber, und bildet ein regelmässiges Viereck, kleiner als die spätere Colonia Agrippinensis nach ihrer Erweiterung[3]).

Stadtarchivar Ennen legt in seiner Geschichte der Stadt Köln I S. 10 das römische Winterlager in das heutige Köln, und das oppidum Ubiorum an das Rheinufer zwischen den

---

1) Tac. ann. I 39.   2) Ennen, Geschichte von Köln, I S. 197.

3) Vgl. Stephan Brölmann, Epideigma, Köln 1612. Aegidius Gelenius, Köln 1665. Bossart, Securis ad radicem 1729. Minola's merkwürdige Ereignisse am Rheinstrom, Köln 1816. Ferdinand Wallraf, Geschichte der Stadt Köln, 1818. Ferner die reiche Litteratur über Köln in Ennen's Geschichte dieser Stadt, III S 384.

heutigen Dom und Maria alta. Andere kompetente Forscher suchen das Lager südlich vom heutigen Köln. General Wolf, der das Glück und Verdienst hatte, die Deutzer Römerveste aufzudecken, verlegt das Römerlager Agrippa's seinerseits im 78. Heft der Bonner Jahrbücher S. 54 nach dem heutigen Köln selbst.

Wir sahen II 1, dass Agrippa an der Spitze eines römischen Heeres die befreundeten Ubier in das Kölner Land führte. Römische Legionen standen bei längerem Aufenthalt stets in befestigten Lagern, und ein solches Lager befand sich unzweifelhaft auch zur Zeit der germanischen Feldzüge des Drusus 12 bis 9 v. Chr. unter den zahlreichen Befestigungen am Rhein, die Florus erwähnt. Tacitus sagt in den Annalen I 39, das römische Winterlager der 1. und 20. Legion stand „apud aram Ubiorum". Von hier aus werden schon vor Drusus Feldzügen die wiederholten Uebergangsversuche der rechtsrheinischen Germanen in der Ruhr- und Lippegegend, zurückgewiesen worden sein.

Der Bau des Kölner Lagers und damit genau Hand in Hand gehend die Strassen-Entwürfe von diesem Lager aus den Rhein entlang, ausserdem nach Trier, Reims und Bavai, sind die Werke Aprippa's, des Statthalters von Gallien, der in den Jahren 38 und 20 v. Chr. mit kaiserlicher Vollmacht die Römerherrschaft in diesen Gegenden durch solche Mittel, durch Befestigungen und Strassen sicherte. Danach ist Agrippa nicht bloss der sagenhafte, sondern der wahrhafte Schöpfer der niederrheinischen Metropole.

M. Vipsanius Agrippa wurde im Jahr 63 v. Chr. in einer Familie niedern Standes geboren, ward aber mit dem späteren Kaiser Augustus zusammen erzogen. Er wurde dessen treuester Freund, sein Rathgeber und seine Stütze, ein hervorragender Feldherr zu Lande und zu Wasser, welchem Augustus den Sieg in dem Entscheidungskampf von Actium verdankte. Agrippa war drei Jahre hindurch Amtsgenosse des Augustus im Konsulat, und als dieser im Jahre 23 auf den Tod erkrankte, übergab er seinem Schwiegersohn Agrippa seinen Siegelring, um ihn als Nachfolger in der Regierung zu bezeichnen. Agrippa starb im Jahre 12 v. Chr., er erscheint auf schöngeprägten Münzen mit der Schiffs- und Mauerkrone geschmückt und zeigt strenge, ernste, geistreiche Gesichtszüge. Er war einer der ausgezeichnetsten Kriegsbaumeister und Ingenieure, befestigte zahlreiche Städte und Häfen des Römerreichs, entwarf und begann namentlich in Gallien das System der römischen Heerstrassen, dieser Bewegungsfäden, welche die Herrschaft der Römer begründen halfen.[1])

Die Spuren dieser Römerstrassen bilden in vielen Beziehungen die wichtigsten Linien, den Rahmen unserer Fundkarte, und da ist der Nachweis des in seinen Leistungen anerkannten französischen Archäologen-Kongresses von Bedeutung[2]), dass die Peutinger'sche Tafel, deren Entstehung Professor Bergk erst dem 5. Jahrhundert zuweist, während er das Itinerar des Antonin schon in den Anfang des 4. Jahrhunderts setzt[3]), weit älter ist, als man bisher annahm, und wenigstens dem 1. Jahrhundert n. Chr. angehört, da Stabiae, Herculanum und Pompeji, welche im Jahre 79 n. Chr. vom Vesuv verschüttet wurden, wohl in der Peutinger'schen Tafel, aber nicht mehr im Itinerar vorkommen, ausserdem das römische Strassennetz bei Lyon ganz entschieden auf Agrippa hinweist, so dass die Peutinger'sche Tafel die älteste Statistik der römischen Hauptstrassen

---

1) Strabo IV 6. 11 p. 208.   2) Congrès archéologique de France à Vienne 1879 S. 78.
3) Bergk, Beiträge zur Geschichte und Topographie der Rheinlande, Leipzig 1882, S. 146.

ist. Sie wurde für Agrippa's Studien und Strassenentwürfe zusammengestellt, später aber immer wieder neu redigirt und durch Nachträge vervollständigt.

Auf den ersten Blick sprechen nämlich viele Strassenzüge und Namen der Peutinger'schen Tafel, wie die Burcturi, Franci etc., gegen diese Behauptung der französischen Archäologen, können dieselbe aber nicht entkräften, schon wenn man solche Nachträge in ihren verschiedenen Schriftformen berücksichtigt, bei denen man nicht mehr das Original, sondern nur die Wiener Abschrift aus dem 13. Jahrhundert vor Augen hat, welche von den Franzosen früher la carte Théodosienne genannt wurde. Dieselbe ward vor einigen Jahrzehnten von Ernest Desjardins mit grösster Sorgfalt revidirt und herausgegeben [1]).

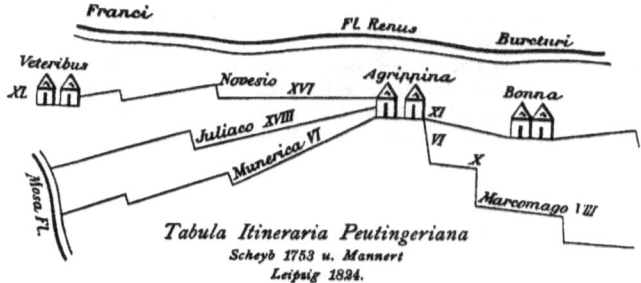

Vorstehende Skizze giebt uns die älteste Karte der Römerstrassen bei Köln, wie dieselben vor beinahe zwei Jahrtausenden von Agrippa wenigstens entworfen wurden. Diese Karte gestattet einige Schlüsse auf die Oertlichkeit des Römerlagers bei Köln, wenn man die Strassenlängen auf der Generalstabskarte mit dem Zirkel verfolgt.

Die Peutinger'sche Tafel giebt in Uebereinstimmung mit dem Itinerar (370) vom Bonner Lager bis Köln XI leugen, wovon c. V leugen auf die Strecke von Wesseling bis Köln zu rechnen sind [2]). Davon fallen 3 millien auf die Strecke vom Römerkastell Wesseling bis zur Signalstation Hahn, 3 millien von hier bis zur Signalstation im Kastell Alteburg, 2 millien bis Köln oder 3 millien bis zur Signalstation auf dem Berlich, welcher der höchste Punkt in Köln, 57 m über der Nordsee, nahe dem Nordthor der Stadt, ist.

Messen wir zur Kontrole von Norden her auf der Strasse von Vetera, welches nach Tacitus ann. I 45 am 60. Stein, also 40 leugen von Köln lag, so geben uns Peutinger und Itinerar übereinstimmend 16 leugen = 24 millien von Novesium am linken Erftufer zum Nordthor von Köln, speciell wieder 3 millien von der vorletzten Signalstation am Kreuzweg Merheim-Niehl [3]) zum Berlich.

---

1) La table de Peutinger d'après l'original conservé à Vienne, par Ernest Desjardins, Paris 1869.
2) Siehe Karte im 78. Heft der B. J. und S. 25.
3) Fr. v. Mering und Reischerts, Zur Geschichte von Köln 1838, S. 141, Meilenstein bei Niehl gefunden, 4· millien von Köln.

Ganz ähnlich sahen wir im 75. Heft der Bonner Jahrbücher S. 4 auf der alten Reimser Strasse die nächste Signalstation 3 millien südwestlich vom Kölner Berlich, die folgende 3 millien weiter auf der Höhe bei Kendenich, die dritte Signalstation im Kastell Munerica auf der Villenhöhe, 9 millien = VI leugen, wie dies die Peutinger'sche Tafel, aber nicht das Itinerar angiebt.

Sehr bezeichnend und wichtig ist es dabei, dass die schnurgerade Richtung dieser Reimser Strasse von Munerica her nach unsern besten Karten scharf auf den Berlich führt, wie auch schon ein Blick von der Villenhöhe diese Richtung etwas links, also westlich von den Domtürmen zeigt.

Der letzte Theil der römischen Rheinstrasse südlich vom alten Köln hat ebenfalls die Richtung genau auf den Berlich.

Entfernung und Richtung dieser Punkte und Linien weisen danach die örtliche Lage des Kölner Römerlagers auf den hohen Thalrand des Rheins zwischen Maria alta und Domhügel, und diese Lage entspricht, wie wir sehen werden, allen übrigen Verhältnissen.

Auf der Peutinger'schen Tafel führte die zusammengedrängte Zeichnung der Mosa mit dem Rhein zu einem Verschieben der Reimser und Jülicher Strasse in die Gegend des Nordthors. Ebenso mündet die Trier-Kölner Strasse von Marmagen her am Südthor von Köln, indessen berücksichtige man den kleinen Massstab der Strassenlänge Köln-Wesseling im Vergleich mit der grossen Bezeichnung der Stadt Köln. Es sei hierbei bemerkt, dass in der Richtung Köln-Wesseling-Marmagen vom Todten Juden her vor dem Severinsthor die sehr alte Hitzeler Strasse westlich an Rondorf und Berzdorf vorbei bei Sechtem in jene Marmagner Hauptstrasse führt. Ueber Wesseling sowohl als auf der Hitzeler Strasse misst man vom Römerlager 15540 m = 7 leugen bis Sechtem, und nach Rektor Görres Mittheilung liegt im Namen Sechtem das Wort Septem (leugae), ganz ebenso wie das heutige Echternach aus dem alten Epternacum stammt. Der Name Hitzeler Strasse (Hitzel heisst im Hessischen Gebrannt) kann möglicherweise mit Etzel's Rückzug 451 über Trier zum Rhein zusammenhängen, wahrscheinlicher aber mit dem wichtigen Römerlager des Labienus 54 v. Chr. am Strassenknoten Reims-Trier-Köln, dem heutigen historisch verschollenen Izel, vielleicht im etymologischen Zusammenhang mit der isle (Insel), welche durch die Semois dort gebildet wird[1]).

Es ist ein alter Rath „nil admirari". Der beste heutige Topograph muss aber doch staunen, wenn er sieht, wie vor fast zwei Jahrtausenden die römischen Topographen in jenen Waldbergen der Eifel die Strassenlinien so korrekt 40 deutsche Meilen weit von Köln nach Reims festlegen konnten. Das war nur durch die sorgfältigsten Rekognoscirungen und mittelst Feuer- und Dampfsignalen möglich, wie dies im 76. Heft der Bonner Jahrbücher S. 11 darzulegen versucht wurde. Für den damaligen Feldherrn und Ingenieur Agrippa, der an unsern Moltke erinnert, waren die wichtigsten strategischen Punkte durch die Feldzüge Caesar's gegeben. Es waren: Lugdunum, Divodurum, Treveris, namentlich der wichtige Knotenpunkt Durocortorum, der Maasübergang auf Juliacum, die Rheinübergänge bei Wesseling und Bonn. Für diese Punkte und Linien war Köln, in vollster Würdigung der politischen und lokalen Verhältnisse, für Agrippa der Centralpunkt aller Messungen und Festlegungen, der feste Stütz- und Lagerpunkt seiner militärischen Unternehmungen und Pläne.

---

1) B. J. 75 S. 24 und Karte.

Das befestigte Römerlager auf dem hohen Thalrande des Rheins war auch bei Hochfluthen wasserfrei. Der Duffesbach, welcher von der Ville her den Rhein nahe bei Maria alta erreicht, bot für die Südfront des Lagers eine Anlehnung und gutes Trinkwasser, welches später durch eine Wasserleitung gesichert wurde. Die Befestigung deckte dort einen etwa erforderlichen Rheinübergang, schützte nicht allein das neue oppidum Ubiorum mit dessen reichem Schiffs- und Handelsverkehr, sondern überblickte und überwachte dasselbe, anfänglich allerdings im Sinne einer Zwingveste (custodium), bis die Ubier im Jahre 50 n. Chr. endlich der Absicht entsprachen, welche Agrippa bei ihrer Uebersiedlung gehegt hatte, Hüter des Rheinstroms zu werden (Tac. Germ. 28), „socia nobis".

4. Strassen, Thore und Befestigung des Lagers.

Die Grundlinien eines Römerlagers für zwei Legionen bilden nach der römischen Lagerordnung[1]) der decumanus maximus, das ist die Länge des Lagers, hier in Köln durch die Hochstrasse gegeben, und der cardo, das ist die via principalis hier in der Linie der heutigen Obermarspforten, welche sich zum Rhein hin über die ara Ubiorum in der Richtung der Salzgasse und später zur Constantinbrücke mit dem Deutzer Brückenkopf-Kastell verlängerte.

Auf der Hochstrasse, welche sich 10 bis 15 m über den mittleren Wasserstand des Rheines erhebt, bei Hochfluthen also wasserfrei bleibt und an verschiedenen Stellen 2 m unter dem heutigen Strassenpflaster Reste der Römerstrasse zeigte, bezeichnet noch heute der Name „Vier Winde" den Punkt, in dessen Nähe die Signalfahne und eine Art Diopter (gnoma), das Praetorium von 200 römischen Fuss, ca. 60 m Seitenlänge, und die via principalis, einst 100 römische Fuss breit, 200 m lang bis zum Rheinthor, festlegte. 400 m nördlich von der Signalfahne stand das Nordthor (porta praetoria), 400 m südlich in der Gegend der heutigen Hochpforte die porta Jovis, decumana, so dass die Länge des Lagers im Ganzen 800 m betrug. Die Richtung der Hochstrasse und der hohe Thalrand des Rheins bedingte eine gewisse Unregelmässigkeit der rechten Lagerhälfte, auf deren Wälle und Gräben wir später zurückkommen werden.

Das Nordthor, auch porta Paphia und Pfaffenpforte genannt, wurde in seinen Fundamenten aufgefunden, seine Lage durch eine Mauer-Inschrift Unter Fettenhennen bezeichnet. Die ältesten oberirdisch gefundenen Reste dieses Kölner Römerthors sind jetzt am neuen Schulhause bei Maria im Capitol eingemauert. Der Thorbogen, im Lichten 5 m breit, bei 7½ m Höhe giebt durch die Buchstaben C. C. A. A. den Namen der Colonia Claudia Augusta Agrippinensis, darunter Spuren einer wahrscheinlich gefälschten Inschrift — A. Gallien. — Professor Düntzer spricht darüber in seinem Museums-Katalog von 1885 S. 119 und setzt die Erbauung des Thors in das 4. Jahrhundert n. Chr.[2]). Die vier Einschnitte der Riefenverzierungen des Thorbogens finden sich ganz ähnlich auf den im Jahre 1880 aufgefundenen Wölbsteinen der historisch denkwürdigen porta decumana des Bonner Lagers, welches im Jahre 69 n. Chr. von den Batavern erstürmt wurde[3]).

---

1) Polybius VI 27 ff., Vegetius III 8 u. Hyginus. Vgl Masquelez, Étude sur la castramétation, Paris 1864. Marquardt, Römische Staatsverwaltung II² S. 404 ff. Lagerordnung Caesars in Pick's Monatsschrift V S. 506.
2) Vgl. B. J. 77 S. 222.   3) Tac. hist. IV 20.

Das Rheinthor, die porta dextra, Marpforte genannt, auf welcher die Michaels-Capelle stand[1]), wurde in der Mitte des 16. Jahrhunderts abgebrochen, ihre Stelle durch zwei Inschriften an den Häusern von Obermarspforten bezeichnet. Der Name Marportze wurde in beliebter Romanisirung oft auf Mars bezogen, deutet aber auf den nahen Markt, das forum mercatorium des dortigen Inselreviers und Altenmarkt.

Diese Thore und Strassen geben den Rahmen des alten Römerlagers. Die westliche Fortsetzung der via principalis, Obermarspforten, ist verschwunden. Alte Stadtpläne des 17. Jahrhunderts, besonders ein Plan, angeblich aus des Zeit Carl des Grossen von 782, führen diese via principalis von der Constantinsbrücke zur Ehrenpforte (porta Herae?), aber die neuen korrekten Stadtpläne verleugnen schon seit dem sehr guten Braun'schen Plan von 1572 diese gerade Linie zum Ehrenthor oder zum Hahnenthor.

Nördlich parallel mit der via principalis, in normaler Entfernung von 500 römischen Fuss oder 148 m, ist bei 50 Fuss Breite in der heutigen Breitenstrasse die via quintana des Lagers anzunehmen. Das ist die sogenannte alte Heerstrasse, die „platea lata" nach Gallien, die von der Mühlengasse am Bollwerk durch die Budengasse, in welcher der Weihestein des Dis und der Proserpina gefunden wurde, zum Ehrenthor führt. Sie ist allerdings nicht mehr schnurgerade, und hat sich im Laufe der Zeit durch die wiederholten Zerstörungen wesentlich erhöht, nach dem Westthor hin sogar um 5 bis 6 m, da man in dieser Tiefe auf ein drittes, altes Strassenpflaster stiess [2]).

Eine dritte Lagerstrasse finden wir südlich parallel mit der via principalis, normal 250 römische Fuss oder 74 m entfernt, in der Richtung der heutigen Schildergasse, zum Rhein hin als Bolzengasse und Friedrich-Wilhelmstrasse zur Schiffbrücke verlängert, nach Westen hin zum Neumarkt, auf demselben entlang an der Apostelnkirche vorbei, durch das Hahnenthor in die Linie der Jülicher Römerstrasse führend. Letztere Strasse erweiterte einst Napoleon zur breiten Aachener Strasse, an welcher zahlreiche römische Alterthümer, namentlich Gräber zu Tage kamen, in neuester Zeit noch am Hahnenthor die interessanten Ueberreste der römischen Töpfereien „ad cantunas novas". Die Römerstrasse ist als 6 m breite Pflasterstrasse bei Melaten und am Bischofsweg in 1 bis 2 m Tiefe aufgedeckt. Mit dieser Strasse parallel setzt sich in der Verlängerung der vorhingenannten breiten Strasse die Melatener Strasse fort, ein etwas gewundener Processions- oder Begräbnissweg, anfänglich 6 m, später 3 m breit, der sich beim Durchbruch des neuen Wallrings in 1 m Tiefe als ein $^1/_2$ m hoch aufgeschütteter alter Kies- und Schuttweg zeigte.

Diese beiden alten Strassen durch das Ehren- und Hahnenthor deuten bei dem einst lebhaften Verkehr der alten Colonia nach Westen hin auf zwei Thore der Westfront des Römerlagers. Die Lage dieser Westfront bestimmt sich durch die reglementarischen Abmessungen eines Römerlagers für zwei Legionen, ausserdem durch die Verlängerung der alten Reimser Strasse, welche in ihrer Richtung zum Berlich von der Jülicher Römerstrasse am Neumarkt geschnitten wird, so dass hier das ehemalige Hauptthor der Westfront anzunehmen ist. Beide Thore sind verschollen und die Steine der ehemaligen Lagermauer sind zur Erweiterung der Colonia im 4. Jahrhundert benutzt worden.

---

1) Düntzer, Umfang des ältesten Römischen Köln, Westdeutsche Zeitschrift IV S. 25.
2) B. J. 41 S. 182 und Wallraf S. 144.

Die innere Breite des Lagerraumes hatte die normale Abmessung von 2150 römischen Fuss gleich 636 m. Dieser innere Lagerraum ergiebt hier 51 bis 52 ha, das heisst die Grösse jedes der beiden rheinischen Winterlager für zwei Legionen, Mainz und Vetera[1]), die doppelte Grösse der Bonner und Strassburger Winterlager für je eine Legion mit etwa 25 ha Lagerraum.

Das eigentliche Lager reichte 400 römische Fuss (120 m) östlich der Hochstrasse bis zur Linie Kleine Sandkaule, Unter Goldschmied, wo sich das Intervallum, normal 200 römische Fuss (60 m) breit, mit der hier 12 m breiten via sagularis an den Fuss des Walles anschloss[2]). Dies Intervallum beträgt auf der nördlichen Hauptfront etwa 80 m und erweitert sich auf der zweifelhaften Südfront auf c. 200 m.

Die ehemalige römische Hochstrasse lag schnurgerade zwischen der porta praetoria und der porta decumana, und knickte an beiden Thoren etwas ostwärts zum Eigelstein und zum Severinsthor. Die Hochpforte der späteren Colonia lag etwas mehr südlich in der Nähe des Blaubach.

Die Mauerreste der Nord- und Ostfront des Römerlagers mit ihren deutlich noch erkennbaren, wiederholt aufgedeckten Gräben gehören auch der späteren Colonia an. Herr Mertz sagt im Text zu seinem werthvollen Stadtplan, welcher die Mauern der Colonia giebt, dass diese Mauern nach Tacitus hist. IV 64 und 65 schon im Jahre 69 n. Chr. bestanden hätten, insofern die Tencterer damals deren Zerstörung forderten, die Agrippinenser aber eher eine Erweiterung (augere) in Aussicht stellten. Diese Stelle ist sehr bezeichnend, bezieht sich aber jedenfalls nur auf die von den Römern erbauten Lagermauern. Für die damalige Lage der Süd- und Westfront liegen leider keine Beweise vor, denn das Steinmaterial für die Erweiterung wurde einige Jahrhunderte später zu jener auffallend schlechteren Mauer verbraucht, auf die wir später zurückkommen. Das Römerlager hatte eine regelmässigere Form, und bedurfte jener Erweiterung nicht, so dass wir vorläufig bis auf weitere Funde die Lage jener Fronten in unserer Zeichnung supponiren, unter voller Anerkennung der Gründe des Prof. Düntzer[3]), welcher die Südfront in der Richtung der Casino- und Blindgasse annimmt, um die römischen Gräber bei Maria alta vom Lager auszuschliessen.

Als die Römer sich im Jahre 38 v. Chr. dort festsetzten, bestand ihre Befestigung anfänglich gewiss nur aus Wall und Graben, da die Beschaffung der Steine mittelst der Rheinschiffahrt und die nothwendigen tiefen Fundamentirungen viele Jahre ruhigen Besitzes in Anspruch nahmen. Sehr wichtig sind für diese Bauten die Aufdeckungen am Domhügel durch den Dombaumeister Voigtel, mit den Zusätzen des Prof. Düntzer[4]). Wir sehen dort Fundamentreste verschiedener Zeiten zerstört und auf alten Grundlagen erneut und wieder zerstört. In der Hauptsache finden wir eine 2,66 m = 9 römische Fuss starke Römermauer, welche theilweise mit behauenen Grauwackensteinen bekleidet ist. An der Rheinfront fand man Fundamentreste von 10 m Tiefe, anderwärts durchschnittlich 5 m tief. An der Burgmauer No. 22 wurde noch im Jahre 1885 die Römermauer aufgedeckt, die Fundamente waren dort 3 m stark und 2^1/$_2$ m hoch. Die Häuser zwischen Burgmauer und Comödienstrasse stehen dort auf dem 8 m breiten Grabenbankett, der 22 m breite Graben liegt unter dem Steinpflaster der Comödienstrasse, und die dortige Andreaskirche hiess im 10. Jahrhundert „in veteri fossa".

---

1) von Veith, Vetera castra mit seinen Umgebungen, Berlin 1881.   2) Vgl. Polybius VI 31.
3) Westdeutsche Zeitschrift IV 1.   4) B. J. 53/54 S. 221.

Jenes Bankett sicherte gegen den Erddruck des Walles (agger), es verlief flach mit doppelter Anlage, während der 9 m tiefe Graben eine Escarpe von 45°, die Contrescarpe halbe Anlage zeigte. Die Gräben des Bonner Römerlagers waren nur 18 m breit, 6 bis 8 m tief, bei 4 m Sohlbreite.

Die römischen Futtermauern bildeten nach Vitruv V 4 nur die Bekleidung des Walles, dessen oberer Wallgang zur Vertheidigung bestimmt war. Zwei solche Parallelmauern wurden mit der Erde gefüllt, die der vorliegende Graben lieferte, so dass man einen 18 m breiten agger erhielt, wahrscheinlich mit seinen Mauerzinnen 10 bis 12 m hoch. Wir kommen bei dem Erweiterungsbau der Colonia auf die speciellen Nachweise dieser Abmessungen zurück. Solche Wälle, an den Ecken des Lagers mit 18 m Radius abgerundet, hatten sonst gewöhnlich nur eine untere Breite von 9 m, und zwar 5,50 m Erdfüllung zwischen den 2,50 und 1 m starken Mauern, wie die Wälle von Pompeji Mainz und Bonn dies unzweifelhaft zeigen, im sachgemässen Zusammenhang mit der Erdlieferung der verschiedenen Grabenprofile und mit der zur Vertheidigung nothwendigen oberen Breite des Walles solcher grossen Befestigungen.

Die Befestigungstürme des Kölner Römerlagers hatten 9 m Durchmesser bei 1,3 m starken Mauern, central in die Mauer gesetzt, am Dom mit 92 m centralem Abstande von einander, also ungewöhnlich grosse Interturrien von 84 m, während dieselben bei anderen Lagern kaum halb so gross sind. Im Herbst des Jahres 1885 wurde beim Legen der Wasserleitung vom Hauptportal des Justizgebäudes zur Komödienstrasse, 250 m vom Turm der Burgmauer, 20 m vom Zeughause ein solcher Turm aufgedeckt, dessen Mauern durch Eisenkeile kaum zu durchbrechen waren.

Die Frage, ob der Wallgraben vor der Ostfront des Römerlagers im heutigen Inselrevier ein Wassergraben sein könnte, hängt mit der oft besprochenen Inselbildung jener Gegend zusammen, und da positive Data wenigstens für die Römerzeit darüber fehlen, ergänzen sich dieselben vielleicht durch folgende Beobachtungen.

Die Bodenhöhe an der dortigen Römermauer liegt durchschnittlich 50 m über der Nordsee. Am Heumarkt und Altenmarkt wird sich der Boden durch die wiederholten Zerstörungen der Stadt und durch Abspülen des hohen Thalrandes um 4 bis 5 m erhöht haben, so dass der Erdboden dort zur Römerzeit ca. 45 m über der Nordsee lag. Hochfluthen erreichten selten jene beiden Märkte, um so weniger, als der mittlere Wasserspiegel des Rheins etwa 3 m niedriger lag, wie heutzutage, wenn auch Hirschfeld denselben 10 bis 12 m niedriger nachzuweisen sucht, im Widerspruch mit allen übrigen Verhältnissen [1]. Bei der Hochfluth im Jahre 1784 stieg der Rhein dort freilich auf + 49, doch war dies eine seltene Ausnahme. Mertz sagt in seiner Schrift über die Römermauer S. 17, dass die Fundamente derselben an der Königsstrasse No. 2 10 m unter dem heutigen Erdboden auf + 38 lagen, 2 m über dem Nullpunkt des Rheinpegels, mit untrüglichen Zeichen, dass hier einst der Rhein gestanden habe. Ausserdem finden wir im 78. Heft der Bonner Jahrb. S. 86 die Notiz, dass bei Fundamentirung eines Hauses in der Gegend der Bolzen- und St. Martinsgasse, 3 bis 5 m von der dortigen Römermauer entfernt, der gewachsene Boden erst 10,30 m unter dem Strassenpflaster lag, 3,60 m über dem Nullpunkt des Rheinpegels. Dies widerspricht keineswegs der Angabe des Baumeisters Mertz, stimmt sogar mit derselben überein, insofern die

---

[1] Pick's Monatsschrift V 46.

Grabensohle nach den vorstehenden Angaben jedenfalls im Wasserbereich des Rheins lag, also einem Wassergraben angehörte, dessen Wasserhöhe durch einfache Dämme regulirt werden konnte.

Am Fuss des Domhügels, in der Gegend des Frankenplatzes, lag noch zur Zeit des Erzbischofs Anno der Rheinhafen; diese Thatsache giebt uns einen urkundlichen Beweis für die wesentlichen Veränderungen der dortigen Erdoberfläche und der Wasserverhältnisse seit jener Zeit.

Ennen und Wallraf geben dem ehemaligen Rheinarm bei Köln eine Breite von 70 bis 150 m, was eine Fortsetzung der Constantin'schen Rheinbrücke an der Marpforte voraussetzen liesse, von der bisher keine Spur in jener Gegend gefunden worden ist.

Wir beschränken uns daher auf jenen Wallgraben vor der Rheinfront, der zeitweise Wasser enthalten und sich bei Hochfluthen mit dem Rhein verbinden konnte, während ein permanenter Rheinarm mit Strömung den Verkehr und den Rheinhafen am Frankenplatz, namentlich bei Hochfluthen mit Eisgang, ernstlich gefährdet haben würde. Der alte Name des Inselreviers und der Kirche St. Martin in insula behält danach seine Bedeutung, wenn auch in beschränktem Masse.

5. Innerer Raum des Römerlagers.
a. Nördlicher Theil (pars antica).

Das Intervallum mit der via sagularis, Wall und Graben, umgaben die eigentliche Lagerstadt mit ihren regelmässigen Lagerstrassen, deren Vierecke anfänglich durch Zelte, später durch lange niedrige Baracken mit ihren kleinen Räumen und Zellen für die Soldaten, Dienst- und Versammlungsgebäuden, Magazinen, Ställen etc., ausgefüllt waren, wie solche Bauten, wenigstens in ihren Fundamenten, bei den neuen Ausgrabungen des Bonner Castrum in lehrreicher Weise aufgedeckt worden sind.

Vom heutigen Appellhof zur Burgmauer und über den Domhof zum Hafen, zog sich jenes Intervallum als ein freier Platz an der Lagerstadt entlang, es hatte im Berlich zwischen Mariengarten- und Römergasse den höchsten Punkt (+ 57 m) des alten und neuen Köln mit dem wichtigen Signal- und Wachtturm, welcher anfänglich vielleicht nur nach Art der bekannten römischen Befestigungstürme [1] von langen starken Stangenhölzern in Stockwerken circa 20 m hoch auf 6 m breiter Grundfläche erbaut war, so dass jener Berlich als ältestes Wahrzeichen der Stadt gedient hat (II S. 10 und Bonner Jahrb. 42 S. 64).

Zwischen dem Berlich und dem Appellhof sind die Spuren des römischen Amphitheaters aufgefunden worden. Dasselbe besass, wohl ähnlich den einfachen Bauten bei Vetera, Bonn und den von Caumont beschriebenen [2]), welche einen übereinstimmenden Typus zeigen, eine Arena mit Rundterrassen für die Zuschauer, welche 100 m lang und 60 m breit nach Osten hin geöffnet war.

Westlich vom Appellhof lag nach Wallraf's „Beiträgen" in der Nähe des heutigen Zeughauses die römische Waffenwerkstatt (armamentarium, campus ballistarum), und unsere Fundkarte nebst Ortsverzeichniss zählt die zahlreichen in jener Gegend gefundenen Götterbilder des Juppiter, Juno, Diana, Mercur, welche sich in höchst bezeichnender Weise mit den Weihesteinen der germanischen Matronae und des ägyptischen Sol Serapis vereinigt fanden, auf.

---

1) Pick's Monatsschrift V S. 288. 2) Caumont, Archéologie, amphithéatre de Chenevières (Loiret). Caen 1860.

Die Umgebungen des Domhügels haben sich im Lauf der Zeit wesentlich verändert [1]; statt der aufgeschütteten Höhe von 5 m lag dort einst eine allmälige und natürliche Abdachung zum Rhein, an dessen ehemaligen Ufern in grosser Tiefe eiserne Ringe zum Anbinden der Schiffe gefunden worden sind. Am Domhof selbst lag zur Römerzeit das forum, an einer Stelle, an welcher noch im Mittelalter die Gerichtsstätten des Kamphof und das kurfürstliche Gerichtszeichen des Blauen Steines auf diese ehemalige Bestimmung hinwiesen.

Nach Vitruv I 7 standen auf dem hochgelegensten Punkt einer befestigten Stadt, von wo man den grössten Theil der Mauern überblicken konnte, die Bilder der Schutzgottheiten Juppiter's, der Juno und der Minerva, Mercurius am forum, Isis und Serapis am Landungsplatz, Apollo und Vater Liber am Theater, während Mars, Venus und Volcanus ausserhalb der Stadtmauern ihre Asyle hatten.

So ergiebt sich uns schon aus Vitruv ein zutreffendes Bild jener wichtigsten Gegend des alten Köln. Es ist dies dieselbe Stelle, an welcher ächter Bürgersinn im Wallraf-Richartz-Museum wie in einem Erinnerungstempel die Trümmer der heimathlichen Vorzeit gesammelt und sich zur Ehre und zur Ehre Kölns ein Denkmal errichtet hat, welches dauern wird, so lange deutsche Männer Verständniss und Sinn für die Geschichte ihrer Vaterstadt und ihres Vaterlandes bewahren.

b. Der östliche Theil des Römerlagers

hatte durch die Nähe des Rheins und durch den Hafen am Fuss des Domhügels eine besonders grosse Bedeutung. Der lebhafte Handels- und Schiffsverkehr ging vom Inselrevier, diesem alten oppidum Ubiorum zur Marpforte, und versorgte das Römerlager mit Verpflegungs- und Lebensbedürfnissen. Vom Intervallum östlich Unter Goldschmieden her, von den Mauerzinnen des Walles überschauten die Römer das Treiben der Ubier auf den dortigen Märkten, und verkehrten mit ihren Bundesgenossen, deren Wege nach dem Innern des Landes die Schutzveste seitwärts umgingen.

Die reichsten Funde römischer Alterthümer auf der Rheinseite gehören der bereits erwähnten Umgebung des Domhügels und des Frankenplatzes an. Die Hochstrasse weist an der Hochpforte ähnlich wie am Nordthor zahlreiche Funde auf. Nahe dieser Strasse wurde in der Budengasse ein Weihestein des Dis und der Proserpina gefunden, und wo jetzt auf dem Laurenzplatz das Standbild des Feldmarschalls Grafen Moltke steht, lag bezeichnender Weise der Rumpf eines Imperator neben der Kolossalmaske eines Flussgottes.

Nahe am Rathhause ist ein Inschriftstein gefunden, der von der Erneuerung des verfallenen Praetoriums spricht, dessen Reste in den Mauern vermuthet wurden, die beim Bau des Rathhausportals gefunden worden sind [2]. Leider waren die Zeichnungen dieser Anlagen, welche die Reversmauern des Walles gebildet zu haben scheinen, in Köln nicht aufzufinden.

Dem eigentlichen Inselrevier gehören nur wenige Römerfunde an, die reicher als an andern Stellen an der Südostecke des Lagers, an der wichtigen Maria alta auftreten, wenn auch die dort vermuthete Stelle des Capitols weder durch Thatsachen noch durch Funde, ausser einigen Mauerresten, Mosaikböden und Architekturstücken zu erweisen ist [3]. An der Südwand des neuen Schulhauses finden sich die Reste des Nordthors und Architektursteine eingemauert.

---

1) B. J. 53/54 S. 199.   2) B. J. 41 S. 60.   3) B. J. 39/40 S. 88.

Dagegen sind dort zahlreiche Gräberreste gefunden worden, namentlich wurden römische Grabkammern an der Westseite des Kreuzganges in 3 m Tiefe gleich Zellen aufgedeckt[1]). Die Zeit ihrer Anlage lässt sich allerdings kaum bestimmen, sie veranlassten aber, neben anderen Gründen, Herrn Prof. Düntzer, diese Gegend von Maria alta bis Cäcilien vom eigentlichen Römerlager, wie bereits erwähnt, auszuschliessen.

c. Südlicher Theil des Lagers (pars postica).

Welche grosse Bodenveränderungen in jener Gegend der Agrippastrasse stattgefunden haben, geht daraus hervor, dass man bei Neubauten dort erst in 5 m Tiefe auf gewachsenen Boden stösst, und dass man beim Bau des Schulhauses von St. Cäcilien starke römische Mauerreste fand. Man nahm in Folge dessen an, dass die Peterskirche auf der hier ursprünglich vorübergehenden Römermauer gegründet sei[2]). Jene muthmassliche Südwestecke des Römerlagers ist um so wichtiger, als, wie wir später sehen werden, an dieser Stelle die älteste Stätte eines christlichen Tempels im 4. Jahrhundert zu suchen ist. Hier sind viele Reste eines palastartigen grossen Bauwerks gefunden worden, der berühmte Mosaikfussboden der Weisen mit anderen Mosaiken und in der Nähe ein Weihestein zum Jupiter, von Crescens, dem Befehlshaber der deutschen Flotte, gesetzt. Eine theilweis verstümmelte Inschrift am Turme von St. Peter, im Fundverzeichniss aufgeführt, weist darauf hin, dass Arbogastes hier im 4. Jahrhundert einen Bau erneuerte, auch die Katastrophe des Kaisers Silvanus gehört jener Gegend an.

d. Westlicher Theil.

Beim Bau des heutigen Theater an der Glockengasse wurde unter demselben ein Altar mit Reliefs gefunden, an der Elstergasse fand sich ein Mosaikboden, in der Nähe die Marmorbüste einer Cleopatra. Der westliche Theil des Lagers ist dort arm an solchen Funden, da die hohen Bodenaufschüttungen und die wiederholten Zerstörungen Manches verdecken und Nachgrabungen erschweren.

6. Wasserleitungen.

Wo römische Legionen Jahre hindurch im Lager standen, wussten sich die Truppen gutes Trinkwasser zu verschaffen, und dies gilt auch für Köln.

Der Hürther Bach, der am östlichen Abhang der Ville, 87 m über dem mittleren Wasserstande des Rheins entspringt, geht über Hürth, Hermülheim, Efferen am Fuss der Colonia durch den Filzengraben zum Rhein. Auf seinem Lauf von 12 km Länge durch reichbewohnte fruchtbare Gegenden musste er von jeher vielen Nebenzwecken dienen, so dass den Römern gewiss bald die Idee nahe trat, durch einen unterirdischen Kanal aus den zahlreichen Quellen des Baches gutes Trinkwasser in ihr Lager zu führen.

Nach Brölmann und Gelenius baute schon Agrippa bei der Gründung Kölns einen

---

1) B. J. 14 S. 97, 16 S. 47, 19 S. 64.
2) B. J. 39/40 S. 114.

Kanal, der zum sogenannten Wasserkastell am Domhügel führte und unter Kaiser Claudius vollendet worden sein soll. Die Unsicherheit dieser Angabe erhöhte Dr. Ennen durch seinen Ausspruch[1]), dass der Hürther Bach zwar einige Kanalreste und Wasserkastelle am Laach in der Gegend des Neumarkts und jenseits der Herzogstrasse am Dom gehabt habe, im Allgemeinen aber keine durchgehende Kanalleitung gewesen sei.

Der Hürther Kanal war aber ein selbstständiges, wichtiges Bauwerk, dessen Theile noch nicht hinreichend aufgeklärt und theilweise zerstört sind. Er ist etwa ein Jahrhundert älter als der Eifelkanal und ist namentlich in der Nähe von Hürth durch Herrn Pfarrer Maassen als ein ca. $1^1/_2$ röm. Fuss breiter, 3 Fuss im Lichten hoher Kanal festgestellt worden[2]). Bei der Hermülheimer Burg kreuzt der Hürther Kanal den Eifelkanal, ist dort am Rande des Schlossweihers (+ 62m) in Gusswerk gebaut, zwei römische Fuss tief und weit, durchsetzt bis Efferen zweimal den Hürther Bach, zeigt in der Nähe der neuen Ringstrasse auf der alten Berrenrather (Silicius) Strasse felsartige Reste seines Bodens, weiterhin ein aufrechtstehendes Kanalstück, und geht über Neuhof an Sülz vorbei, mit jener Strasse in der Höhe von + 50 m zur Kapitale des Fort V. Beim Bau dieser Befestigung ist der Kanal zerstört worden und wurde bis jetzt bei den dortigen Neubauten nicht wieder aufgefunden. Hinter der Kehle des Forts erreichte er die Weiher-Piscina, ein grosses ehemaliges Wasserbecken von ca. 10 ha zwischen Fort V und Lünette 4, nur 3 m über dem mittleren Wasserstande des Rheins bei 4 bis 6 m Tiefe. Zufluss und Abfluss des Kanals waren bisher im Terrain deutlich erkennbar, aber der weitere Verlauf des Kanals ist durch die Befestigung am Schafenthor zerstört worden. In der Stadt war der Marsilstein ein unzweifelhafter Durchgangspunkt des Kanals, derselbe hatte starke Gussmauern bei 3 m Breite, die Kanalsohle lag dort etwa 47 m über der Nordsee.

Der Marsilstein[3]), durch alte Sagen mit einem Ritter Marsilius zur Zeit Karls des Grossen und mit der Holzfahrt nach Sülz (Silexstrasse) in Verbindung gebracht, stürzte im Jahre 1566 zusammen, doch ist seine Lage im Braun'schen Städteplan von 1572 bezeichnet.

Ueber den Laach, wo kein See (lacus), sondern nach altkölnischer Sprachweise ein Loch oder Thor war, erreichte der Kanal die Südostecke des Neumarkts in der Gegend der vorausgesetzten Westfront des Lagers, entsendete eine südliche Nebenleitung durch die Lungengasse (Museumskatalog II 254), und wahrscheinlich eine nordöstliche Nebenleitung zum heutigen Dom, während die Hauptleitung der Richtung der Cäcilienstrasse folgte, und die Hochstrasse im Keller des Hauses No. 43 8 m tief unter dem Steinpflaster dieser Strasse, welches + 54 liegt[4]), durchschnitt. Spuren des Kanals zeigen sich beim Laach, ausserdem in starken Römermauern, welche in dieser Richtung beim Neubau des Hauses Antoniterstrasse No. 36 in 4 m Tiefe, 6 m nördlich von der Strassenflucht im Jahre 1885 aufgefunden wurden. Weiterhin wurde der Kanal in der Richtung der Kronengasse verfolgt, derselbe ging zum Wallgraben, dessen Sohle dort etwa 36 m hoch im Nullpunkt des heutigen Rheinpegels lag.

Von diesem Kanal, dessen Seitenwände von Gusswerk erbaut 4 römische Fuss lichte Weite bei 6 Fuss Höhe zeigten, ging ein förmliches Zweigsystem aus, da auch in der Herzogstrasse ein Kanal zum Dom und durch die Minoritenstrasse und Budengasse zum Rhein oder

---

1) Annalen des historischen Vereins, 13. 1867 Hürther Kanalleitung.
2) Annalen des historischen Vereins 37 S. 72 und B. J. 80 S. 18.
3) B. J. 9 S. 48 ff. 4) B. J. 32 S 140.

zum Wallgraben des Römerlagers gefunden worden ist, gewissermassen symmetrisch das Lager durchschneidend. Auch der erwähnte Plan, der aus der Zeit Carls des Grossen stammen soll, und in Fr. Kreuter's Wanderungen durch das mittelalterliche Köln enthalten ist, giebt die Kanalleitung zum Dom mit der Bezeichnung des „Römerkanal von Trier", in allerdings antiquirter, aber doch historisch für die Zeichnung des Römerlagers interessanter Weise, wenn man diese Kanallinien zwischen dem Dom und St. Peter festhält.

Unser Kanal ist freilich nur stückweise nachgewiesen, bildet aber eine wichtige Hülfslinie für die regelmässige Form und Einrichtung des römischen Lagers. Bei den Ausgrabungen des Bonner Lagers im Jahre 1880 fand man, dass der unterirdische Kanal zur Wasserversorgung der Besatzung den inneren Fuss des Walles und die Wallstrasse auf allen vier 500 m langen Fronten in ganz regelmässigen Abständen begleitete. Dieser Kanal, der in seinen Sohlziegeln die Legionsnummern I M. P. F. und XXI Rapax, also seiner Erbauer in den 80er Jahren des 1. Jahrhunderts n. Chr. zeigt[1]), ist genau 18 m = 60 römische Fuss von der äusseren Wallmauer des hier 9 m breiten agger entfernt, so dass man stets mit Sicherheit aus der Mauer auf die Lage des Kanals, und aus dem aufgefundenen Kanal auf die Entfernung der Mauerlinie schliessen konnte. Er bildete ein ganz grossartiges Kanalnetz mit Abflusskanälen, deren Zuflusskanal leider noch nicht genau festgestellt worden ist, während die Quelle auch hier an den Abhängen des Vorgebirges gefunden wurde. Jener Kanal im Bonner Lager blieb 4 m von den Umfassungswänden der Baracken entfernt und würden diese Verhältnisszahlen auch für die pars postica des Kölner Legionslagers zutreffen, da der Kanal hier 700 römische Fuss von der groma an den Vier Winden entfernt bleibt. Diese Betrachtungen sprechen für die vom Prof. Düntzer in der Richtung der Casino- und der Blindgasse angenommene Südfront des Römerlagers, während militärische Gründe für ein Hineinziehen der günstigen Höhe von Maria alta in die Befestigungslinie damals und heute ebenso stimmen würden, wie die wünschenswerthe Anlehnung des Lagers an den Blaubach.

Der Hürth-Kölner Kanal gleicht in seiner eigenthümlichen und mangelhaften Bautechnik, wenigstens im oberen Lauf, jenem nahe verwandten Bonner Kanal. Beiden Kanälen gegenüber zeichnet sich der Eifel-Kanal als ein Werk einheitlich vollendeter Bauart aus, derselbe berücksichtigt überhaupt weitergehende Gesichtspunkte, während der Hürther und der Bonner Kanal mehr dem ersten augenblicklichen Lagerbedürfniss entsprachen, so dass wir den Hürther Kanal etwa dem Anfang der christlichen Zeitrechnung zusprechen dürfen, während der Eifelkanal erst dem Anfange des 2. Jahrhunderts n. Chr. angehört.

So unwesentlich alle diese Betrachtungen auf den ersten Blick erscheinen mögen, so bilden sie doch Hand in Hand mit den betreffenden Strassenlinien und Mauerresten in Ermangelung positiver Ueberlieferung Anhaltspunkte für die älteste Geschichte und für die ehemaligen Verhältnisse unseres Köln. Nachdem wir dergestalt vermittelst dieser äusserlichen Linien und Punkte die Lokalverhältnisse zur Römerzeit geschildert haben, sei es jetzt gestattet, die Hauptereignisse zu skizziren, durch welche das alte Köln zum Schauplatz und oft zum Mittelpunkt der für uns noch heute so wichtigen römisch-germanischen Kulturentwicklung gemacht worden ist.

---

1) B. J. 80 S. 20.

Römisch-germanische Kriege seit Kaiser Augustus.

1. Rheinübergänge der Germanen.

Ueberblicken wir in Kürze die kriegerischen Ereignisse am Niederrhein seit der Uebersiedelung der Ubier unter den Schutz des Römerlagers, in welchem zwei Legionen den Schwerpunkt der Römermacht bildeten, so sehen wir schon im Jahre 29 v. Chr. die benachbarten Trevirer ihre Waffen gegen die Weltherrschaft erheben. Die Moriner des linken Maasufers betheiligten sich am Aufstande, und die Sueben kamen über den Rhein, die Trevirer zu unterstützen. Aber Nonnius Gallus bändigte die Trevirer und C. Carrinas schlug sowohl die Moriner wie die Sueben zurück, wobei gewiss die Truppen der Kölner Besatzung eine Hauptrolle spielten. 88 v. Chr. 29 v. Chr.

Im Jahre 27 v. Chr. übernahm Kaiser Augustus von Lyon aus die Leitung der gallischen Angelegenheiten. Sugambrer, Usipeter, Tencterer kamen über den Rhein, misshandelten römische Kaufleute, wurden aber durch Marcus Vinicius zurückgeschlagen [1]). 25 v. Chr.

Agrippa wurde wieder vom Kaiser nach Köln geschickt, schlug germanische Schwärme zurück [2]), welche den Rhein überschritten hatten, ordnete und befestigte die römische Herrschaft am Rhein. Mit den Chatten suchten die Römer nähere Fühlung und Verbindung, indem sie denselben Theile des alten Ubier- und Bataverlandes anwiesen. 20 v. Chr.

Einen neuen Beutezug von der Ruhr und Lippe her unternahmen die Sugambrer, Usipeter und Tencterer unter ihrem Fürsten Melo, wobei römische Unterthanen gekreuzigt wurden [3]). Römische Legionen aus Köln gingen unter dem Legaten Lollius gegen die Germanen vor, die leichte Reiterei derselben warf jedoch die römische Kavallerie in der Gegend des späteren Vetera über den Haufen, zersprengte die 5. Legion, entriss ihr den Adler, kehrte dann aber wieder über den Rhein zurück. 16 v. Chr.

Diese Schmach einer Niederlage auf römischem Gebiet rief eine grosse Bewegung hervor, so dass Kaiser Augustus persönlich an den Rhein kam, jedenfalls von Lyon über Trier und Köln, wobei es trotz der aufgefundenen Meilensteine unentschieden bleiben muss, ob diese damals von Agrippa wenigstens projektirte Strasse bereits ausgebaut war. Kaiser Augustus liess beim heutigen Xanten auf dem hohen Thalrande des Rheins ein Lager für 2 Legionen anlegen, zum Schutz gegen die Angriffe der Germanen von der Lippe her. Der Ort hiess Vetera, lag nach Tac. am 60. Stein, das sind 60 millien oder 40 leugen von Köln [4]).

2. Kriege des Drusus vom Jahre 12 bis 9 v. Chr.

Nach zweijährigem Aufenthalt in Gallien liess Kaiser Augustus seinen Stiefsohn Drusus am Rhein mit dem Auftrage zurück, Germanien zu unterwerfen. Drusus ging an den weiteren Ausbau der begonnenen Römerstrassen, namentlich der Rheinstrasse, befestigte diese im natürlichen Zusammenhange mit solchen Strassenbauten durch einige fünfzig Kastelle [5]), begann

---
1) Dio LIII 26. 2) Dio LIV 11. 3) Strabo VII 1. 4 p. 291.
4) von Veith, Vetera castra mit seinen Umgebungen, Berlin 1881 S. 1.
5) Florus IV 12 (II 30).

die grossartigen Wasserbauten am divortium Rheni, indem er die Waal zwischen Cleve und dem Eltenberg zum östlichen Rheinarm Flevus ableitete, um die Schifffahrt auf demselben für den Transport seiner Heere durch Abkürzungskanäle zu erleichtern.

12 v. Chr.   Dann schlug er die Usipeter, schreckte die Sugambrer zurück, führte sein Heer, vorläufig vielleicht nur zwei Legionen, zu Schiffe vom divortium Rheni durch den Flevus über die Nordsee in die Ems, nachdem er die Insel Burchanis (Borkum) vor deren Mündung erobert hatte, schlug die Brukterer und fuhr dann zum Rheine zurück[1].

11 v. Chr.   Im folgenden Jahre marschirte Drusus mit einem Heer von etwa 30,000 Mann durch das Land der Usipeter, Sugambrer und Cherusker, also am linken Ufer der Lippe aufwärts, zur Weser in die Gegend von Höxter (Brunsberg), dann die Weser abwärts nach Hameln, Rinteln, Vlotho, entging beim Rückzuge über den Teutoburger Wald im Osning einer Einschliessung und Niederlage bei Arbalo (Pheugaron des Ptolemaeus), erbaute das Kastell Aliso am Zusammenfluss der Lippe und Alme nahe bei Paderborn und feierte diese Siege durch einen grossen Triumphzug in Rom[2].

10 v. Chr.   Im Jahre 10 schlug Drusus, den Spuren Caesar's folgend, eine Brücke bei Bonn, drang über Siegen zum Baceniswalde vor, über die dortigen Quellgebiete der Eder und Lahn, schlug die Sueben-Chatten, und besetzte deren Hauptstadt Mattium zwischen dem heutigen Fritzlar und Cassel[3].

9 v. Chr.   Durch das Land der Mattiaken und Chatten ging Drusus im Frühjahr 9 v. Chr. in die Gegend der Kinzig[4], drang dann von Vetera her, die Lippe aufwärts über Aliso, Horn, Pyrmont über die Weser oberhalb Hameln zur Elbe vor, und erreichte auf dem Rückwege nach einem Sturz mit dem Pferde, den Eltenberg zwischen Rhein und Salas (Yssel), sein altes Hauptquartier am divortium Rheni, wo er dreissig Tage krank lag. Dort auf seinem Sterbebett suchte ihn sein Bruder Tiberius auf. Dieser hatte auf die Nachricht von der gefährlichen Erkrankung des Drusus von Ticinum her die Alpen überschritten, und war über Bregenz, Mainz und Köln nach dem von Mainz gerade 200 millien entfernten Eltenberg geeilt. Diese letzte Strecke hatte er in 24 Stunden mit drei Relais zurückgelegt, was nur auf einer gut gebauten und organisirten Strasse, wie es jene Rheinstrasse damals sein konnte, möglich war. Tiberius führte erst die Leiche des Bruders über Vetera, Köln, Mainz nach Rom, dann übernahm er den Oberbefehl gegen die Germanen[5].

3. Kriege des Tiberius.

Tiberius war ein tüchtiger Feldherr und Soldat, vorsichtiger als der kühne Drusus,
8 v. Chr. erst als Kaiser ist er der römischen Sittenverderbniss erlegen. Er ging im Frühjahr 8 v. Chr. bei Vetera über den Rhein, beraubte die Usipeter und Tencterer nach Caesar's Beispiel ihrer Führer, versetzte einen Theil der Sugambrer, die späteren Gugerner bei Goch, auf das linke Rheinufer, drang dann über die Weser durch das niedergermanische Tiefland bis

---

1) Dio 54, 32, Strabo VII 1. 3 p. 290—1.   2) Dio 54, 33, Florus IV 12.
3) Dio 54, 36, Tac. ann. I 56, XII 28.   4) Dio 55, 1, Florus IV 12.
5) Dio 55, 1, 2, Sueton. Claudius 1, Vellejus II 97, Strabo VII 3, Plinius n. h. VII 20, 84, Tac. ann. III 4.

zur Elbe vor, ebenso wie er auf seinem zweiten Kriegszuge im Jahre 7 v. Chr. bis in das Land 7 v. Chr. der Lóngobarden (Bardowieck) gelangte¹).

Zerwürfnisse mit seinem Stiefvater Kaiser Augustus führten hierauf Tiberius auf zehn Jahre in eine Art freiwilligen Exils nach Rhodus.

Domitius Ahenobarbus und Sentius Saturninus setzten diese Feldzüge nach Germanien fort, bis Tiberius den Oberbefehl im Jahre 4 n. Chr. wieder übernahm, von seinen Soldaten 4 n. Chr. begeistert empfangen, an der Batavischen Insel (divortium Rheni) den Strom überschritt, die Camaver (nach den ursprünglichen Textworten), Attuarier und Bructerer schlug, den Winter hindurch an der Vilia (Julia nach den Textworten, statt der hineinkorrigirten Lippe) lagerte, und dort grossartige Grenzwälle (limites) anlegte. Dieselben sind noch jetzt in ihren mächtigen Profilen zwischen Borken, Haltern und Dülmen sichtbar und bildeten wahrscheinlich im Gegensatz zu den vetera castra bei Xanten, als ein neues mächtiges Bollwerk gegen die Germanen die „nova castra"²).

Im Jahre 5 n. Chr. durchzog Tiberius wie im Triumph Germanien, und ward von seiner 5 n. Chr. Flotte an der Elbe in der Hamburg-Lüneburger Gegend begrüsst, unterstützt und verpflegt³). Da erhoben sich in Süddeutschland die Marcomannen gegen die Herrschaft der Römer. 12 rö- 6 n. Chr. mische Legionen gingen vom Main und von der Donau her nach Böhmen vor, als eine Volkserhebung in Pannonien die Römer in diese Gegenden rief und nun für längere Zeit ihre Thätigkeit hier in Anspruch nahm⁴).

4. Niederlage des Varus.

Im Jahre 9 n. Chr. bezog der Statthalter Niedergermaniens, Quinctilius Varus, bisher 9 n. Chr. Statthalter von Syrien, ein naher Verwandter des Kaisers Augustus, mit etwa 20000 Mann ein Sommerlager am hohen Thalrande der Weser bei Vlotho bis nach Rehme hin. Reste römischer Befestigungen sind dort noch jetzt sichtbar. Der Cheruskerfürst Arminius, ein kriegserfahrener jugendlicher Held, der sich im Lager des Varus aufgehalten hatte, griff zu den Waffen, vernichtete das römische Heer in den Saltus Teutoburgensis an den sumpfigen Quellen der Berlebecke, in deren Nähe die dankbare Nachwelt sein Denkmal errichtet hat. Die Kunde von dieser Niederlage drang Entsetzen verbreitend zum Rhein und bis nach Rom. In Köln zerriss Segimundus, der Sohn des Cheruskerfürsten Segestes, Thusnelda's Bruder, seine Priesterbinde am Altar der Ubier, verliess den Römerdienst und schloss sich seinen germanischen Brüdern an, welche jedoch die errungenen Vortheile nicht ausbeuteten⁵).

Tiberius ging im Jahre 10 über den Rhein, dämpfte den Aufstand der Germanen, 10 n.Chr. lagerte zwei Jahre hindurch am Lippe-limes zum Schutz des Rheins und der bedrohten Römerherrschaft, die bis dahin nicht einmal an den Küsten des Oceans ihre Grenze gefunden hatte⁶).

---

1) Dio 55, 6, 8, Sueton. Tiberius 9, Eutropius VIII 9, Vellejus II 9.
2) Vellejus II 104, 105, 106, Dio 55, 28.
3) Vellejus II 106, 107, Monumentum Ancyranum 5. 10—12. Vgl. Strabo VII 2. 1 p. 298.
4) Vellejus II 109 110, Tac. ann. II 44, 46, 109, Dio 55, 29.
5) Dio 56, 18—22, Tac. ann. I 55, 58, 59, 60, 61, 62, Vellejus II 117, Florus IV 12, Strabo VII 1. 4 p.291.
6) Vellejus II 120.

18 n. Chr.   Dem Tiberius folgte im Oberbefehl über die 8 rheinischen Legionen Germanicus, der Sohn des Drusus, der Vater der in Köln geborenen jüngeren Agrippina.

14 n. Chr.   Kurz darauf starb Kaiser Augustus, und nunmehr brach am Rheine eine uns von Tacitus meisterhaft geschilderte Empörung der römischen Legionen aus, deren Verlauf auch für die Erkenntniss der topographischen Verhältnisse Kölns von grosser Bedeutung ist.

5. Aufruhr der römischen Legionen am Niederrhein.

Bei der Nachricht vom Tode des Kaisers Augustus, der im September 14 n. Chr. erfolgt war, empörten sich an der Donau drei pannonische Legionen[1]) und zu gleicher Zeit die vier Legionen des unteren Heeres am Rhein, welche im Gebiet der Ubier ein gemeinschaftliches Sommerlager bei Neuss bezogen hatten. Diese rheinischen Legionen forderten Verkürzung der Dienstzeit, bessern Sold und Erleichterung von den Bedrückungen ihrer hartherzigen Centurionen. Letztere wurden als erste Opfer nicht nur misshandelt, sondern theils ermordet, theils in den Rhein geworfen, jede Disciplin hörte auf.

Germanicus eilt auf diese Nachricht hin aus Gallien nach Neuss, hier findet er die Rebellen im freien Felde ausserhalb der Lagerwälle. Die Meuterer umringen den durch seine Leutseligkeit beliebten Feldherrn und geleiten ihn in das Lager. Schreiend und klagend weisen sie auf ihr hohes Alter hin, lassen ihre zahnlosen Kinnladen von seinen Fingern befühlen. Als Germanicus eine Aufstellung in Manipeln befiehlt, antwortet man ihm, ohne solche Aufstellung könne man besser hören, nur mit Mühe erreicht er ein Ordnen unter den Feldzeichen. Nun beginnt er seine Rede mit einem Gebet an Augustus, rühmt die Thaten des Tiberius, die Treue der gallischen Provinzen. Ein Theil der Soldaten schweigt, Andere murren. „Wo ist Eure ehemalige Disciplin, ruft der Feldherr, seitdem Ihr Eure Führer vertrieben?" Sie zeigen ihre zerschlagenen Glieder, klagen die Centurionen der Unterschlagung an, beschweren sich über die harten Arbeiten. Sie wollen ihn zum Kaiser erheben, wenn er es wünsche. Da springt Germanicus vom Tribunal, die Waffen starren ihm entgegen, und er ruft: „Lieber sterben, als zum Verräther werden!" Er reisst sein Schwert aus der Scheide, zückt es gegen die eigne Brust, da fallen die Nächststehenden ihm in den Arm, Andere aber rufen: „Stoss nur zu!" und Calusidius bietet ihm sein blankes Schwert mit den Worten: „Dies hier ist schärfer!"

Man bringt den Feldherrn in sein Zelt, die Rebellen berathen, was nun zu thun sei. Sie wollen Abgesandte an das obere Heer nach Mainz schicken, gemeinschaftliche Sache mit jenem zu machen, wollen Köln, die Stadt der Ubier, plündern und zerstören, fordern Entlassung zur Reserve nach sechzehnjähriger Dienstzeit, Auszahlung und Verdopplung der Legate des Kaisers.

Die 5. und 21. Legion weigern sich, ohne Auszahlung dieses Geldes in ihr Winterlager

---

1) Tac. ann. I 16—44.

nach Vetera abzumarschiren, so dass Germanicus mit seinen Freunden das geforderte Geld zusammenbringt und auszahlen lässt.

Die 1. und 20. Legion führt Caecina nach Köln in ihr Lager „apud aram Ubiorum", das ertrotzte Geld wurde im Triumph zwischen den Feldzeichen und den Adlern der Legionen mitgeführt.

Germanicus eilte unterdessen nach Mainz zu den vier Legionen des oberen Heeres, welches nach einigen Zugeständnissen den Huldigungseid für den neuen Kaiser Tiberius leistet.

Dann kehrt Germanicus von Mainz nach Köln „zum Altar der Ubier" zurück, wo inzwischen eine Gesandtschaft des römischen Senates eingetroffen war, um dem Germanicus die permanente Konsulargewalt zu übertragen und ihn in seiner Trauer über den Tod des Kaiser Augustus zu trösten.

Hier im römischen Winterlager stand jetzt die 1. und 20. Legion, sowie die vor einigen Tagen zur Reserve entlassenen Veteranen. Letztere fürchten Rücknahme der gegebenen Versprechungen durch jene Gesandte, stürmen um Mitternacht aus dem Lager zum Hause des Germanicus, welches im heutigen Inselrevier am Markt lag, erbrechen das Thor, reissen den Feldherrn aus dem Bett und zwingen ihn durch Todesdrohungen, die in seinem Hause aufbewahrte Fahne herauszugeben, welche eine Bürgschaft ihres Reserveverhältnisses war. Dann laufen sie durch die Strassen am Rhein, treffen die Gesandten, welche bei dem Tumult zu Germanicus eilen wollen. Sie schmähen und bedrohen dieselben, namentlich den Vornehmsten unter ihnen, Plancus, der durch das Rheinthor in den Lagerraum der 1. Legion entflieht, hier die Fahne und den Altar derselben umklammert, um bei diesen Heiligthümern Sicherheit zu suchen. Der wackere Adlerträger Calpurnius schützt heldenmüthig den Gesandten, um die Altäre nicht durch dessen Blut entweihen zu lassen.

Als man bei Tagesanbruch erfährt, was geschehen sei, geht Germanicus in das Lager, lässt den Plancus zu sich führen und besteigt mit ihm das Tribunal. In längerer Rede beklagt er die durch den Zorn der Götter entbrannte Raserei der Soldaten, spricht über die Aufträge und über die Beleidigung der Gesandten, über diese Verletzung des Völkerrechts dem Plancus gegenüber, bedauert die entehrende Schmach, welche die Legionen auf sich geladen. Die Versammlung ist mehr bestürzt als beruhigt, und unter dem Schutz berittener Auxilien verlassen die Gesandten die Stadt.

Man tadelte den Germanicus, dass er nicht zum oberen Heere ging, wo er Gehorsam und Hülfe gegen die Rebellen gefunden hätte, um wenigstens seinen kleinen Sohn und seine schwangere Gemahlin, welche mit ihm „in der Nähe des Altars der Ubier" wohnte, für seine Familie und für das Reich zu retten. Endlich folgte der Feldherr diesem Rathe, er bewog Agrippina zur Abreise von Köln nach Trier. Langsam bewegte sich der Reisezug der Frauen, durch das Rheinthor über unsere heutige Hochstrasse, voran die Gemahlin des Feldherrn, ihr Söhnchen auf den Armen tragend, umringt von den weinenden Frauen der Freunde.

Reue und Mitleid ergreift die Soldaten beim Anblick dieses geschickt in Szene gesetzten Zuges, beim Anblick der allgemein geachteten Agrippina und ihres kleinen Sohnes, dem die Soldaten, in deren Mitte er aufgewachsen war, nach seiner gewöhnlichen Fussbekleidung, den Soldatenstiefeln, den Beinamen Caligula gegeben hatten. Die Soldaten sperren die Strasse und bitten Agrippina, sie möchte umkehren und bleiben. Andere eilen zu Germanicus, der nun durch eine theatralische Rede, die Tacitus in seiner Vorliebe für den Fürsten wörtlich wiedergegeben hat, die Empörer beruhigt, so dass diese ihn bitten, die Schuldigen zu bestrafen, den Verirrten zu verzeihen und sie gegen den Feind zu führen. Er möchte seine Gemahlin zurückrufen, den Liebling der Legionen, seinen Sohn nicht dem Schutz der Gallier anvertrauen.

Germanicus verweigerte die Rückkehr der Agrippina wegen ihrer bevorstehenden Entbindung und wegen der nahen Winterzeit. Sein Sohn werde kommen, alles Uebrige sollten die Soldaten selbst besorgen.

Wie umgewandelt stürzen die Truppen fort, schleppen die schlimmsten Aufrührer gebunden zum Legaten der 1. Legion C. Cetronius, und ein Blutgericht begann.

Die Legionen stehen versammelt mit gezogenen Schwertern. Der Tribun zeigt den Angeklagten auf der Bühne. Riefen die Soldaten Schuldig, so wurde er heruntergeworfen und niedergemacht.

Dann hielt Germanicus eine Musterung und eine Neuwahl der Centurionen ab und damit war der Aufstand hier in Köln niedergeworfen.

Wenn uns in diesem Drama auch nur eine blutige Soldatenmeuterei vorgeführt wird, wie sie in ähnlicher Weise das römische Reich öfters sich hat abspielen sehn, so hat doch diese durch die lebendigen Schilderungen des Tacitus für uns eine besondere Bedeutung dadurch gewonnen, dass uns in ihr neben dem historischen Verlauf der Begebenheiten auch die Strassen der alten Colonia mit seltener Anschaulichkeit vor Augen gestellt werden.

6. Kriege des Germanicus und Abschluss der römischen Angriffskriege auf dem rechten Rheinufer.

Unterdessen verharrten in Vetera die 5. und 21. Legion, die Hauptanstifter des Aufruhrs in ihrer Empörung, so dass Germanicus die beiden reorganisirten Kölner Legionen, die 1. und 20. nebst Bundestruppen zu Schiffe nach Vetera schickte, um die Rebellen anzugreifen. Aber schon vor dem Eintreffen dieser Truppen fand auch in Vetera die Rebellion durch Niedermetzelung der Rädelsführer ihr Ende. Germanicus führte nunmehr die vom Morden trunkenen vier Legionen, 12000 Mann, über eine bei Vetera geschlagene Brücke im Eilmarsch nach dem heutigen Borken, lagert hier auf dem von Tiberius begonnenen Grenzwall (limes), bricht am folgenden Tage überraschend in das Coesfelder Land der Marsen, der Theilnehmer an der Varusschlacht, ein, wo Alles gemordet und verwüstet wird. Das sollte die Rache für jene Niederlage bilden. Den Rückweg zum Rhein versuchen die Bructerer, Usipeter, Tencterer den Römern zu verlegen, werden aber geschlagen und die Legionen kehren in ihre Winterquartiere nach Vetera und nach Köln zurück.

October 14 n. Chr.

Im Jahre 15 greift Germanicus mit 4 Legionen, verstärkt durch Hülfstruppen des oberen Heeres, von Mainz her die Chatten an, rettet den in seiner Burg bedrohten Cheruskerfürsten Segestes, schickt ihn nebst seiner Familie und dem ehemaligen Priester der ara Ubiorum über den Rhein zurück, während Cäcina mit 4 Legionen des unteren Heeres die Cherusker und Marser beschäftigt. Dann führt Germanicus sein Heer auf dem Rhein über die Nordsee zur Ems, vereinigt beide Heere an der oberen Ems, sucht mit einem Theil dieser Armee das Schlachtfeld des Varus auf, wird bei der Todtenfeier für die gefallenen Römer von Arminius

15 n. Chr.

angegriffen, und erleidet angeblich bei der Rückkehr seiner Flotte schwere Verluste. Auch Cäcina entkommt nur mit grosser Mühe den verfolgenden Germanen bei den pontes longi, erreicht die Brücke von Vetera, welche durch Agrippina's muthigen Widerstand erhalten blieb, als man bereits beschlossen hatte, sie abzubrechen.

Im folgenden Jahre machte Germanicus ähnliche Vorstösse von Mainz und Vetera aus, 16 n. Chr. und führte dann das Heer auf 1000 Schiffen, welche zugleich die schwierige Verpflegung sichern sollten, über die Nordsee in die Ems und von hier nördlich vom Wesergebirge in die Gegend von Minden (munitio = Befestigung). Hier bei Idistavisus, und in einer zweiten Schlacht am Fuss des Wiehengebirges, wo zahlreiche Römermünzen aus jener Zeit gefunden worden sind [1]), schwankte nach den römischen Berichten lange der Entscheidungskampf, welcher den Römern eben so grosse Opfer kostete wie die Rückkehr zu Schiffe durch zerstörende Stürme.

Ein prahlend glänzender Triumphzug in Rom schloss die zweifelhafte Siegesbahn des 17 n. Chr. Germanicus, denn der klug berechnende Kaiser Tiberius verwarf solche aufreibenden, kostspieligen Kämpfe, verbot aufs strengste alle ferneren Offensiv-Unternehmungen auf dem rechten Rheinufer und überliess die Schwächung Germaniens den Kämpfen seiner beiden Fürsten Marobodus und Arminius. Er hatte richtig gerechnet, bald fand Marobodus in der Verbannung und Arminius durch den Dolch seiner Verwandten sein Ende. Die Worte des Tacitus ann. II 88 bilden die würdigste und beste Grabschrift für unsern germanischen Helden.

Kaiser Claudius führte die Politik des Tiberius in ihren letzten Consequenzen durch, 47 n. Chr. indem er alle römischen Besatzungen, vielleicht mit Ausnahme deren von Deutz, dem wichtigen Köln gegenüber, auf das linke Rheinufer zurückzog (Tac. ann. XI 19).

IV. Colonia Claudia Augusta Agrippinensis.

Die Gründung dieser römischen Kolonie war ein Zeichen und ein Beweis der festen Verbindung und des gegenseitigen Vertrauens der Römer und der germanischen Ubier. Köln war die erste Stadt in Gallien, welche italisches Bürgerrecht erhielt[2]), ein neues nordisches Rom. Hier stand am Rhein, 300 Schritt von der Marporte des Römerlagers, der Altar der römischen Germanen, und wir finden Köln in den ersten beiden Jahrhunderten der christlichen Zeitrechnung unter dem einfachen Namen Ara, oder öfter als Claudia Ara und Claudia Ara Agrippinensium [3]), auf rheinischen Inschriften bezeichnet, so dass dieser Altar für die Benennung und für die Geschichte der Stadt eine hohe Bedeutung hatte. In seiner unmittelbaren Nähe lag des Germanicus Wohnhaus, wo im Jahre 16 n. Chr. dieses Feldherrn Tochter Agrippina, die spätere Gemahlin des Kaisers Claudius, die sittenlose Mutter ihres Mörders Nero, geboren wurde. Sie erwirkte im Jahre 50 n. Chr. von ihrem Gemahl das Kolonialrecht für ihre Vaterstadt, gab dieser ihren Namen und zeigte so den verbündeten Völkern wie gross ihr Einfluss war. Der Stifterin, dem Juppiter und dem Genius der Colonia zu Ehren feierten die Augustales in Köln an der Ara jährliche Spiele [4]), selbst nachdem Nero seiner Mutter Geburtstag, den 6. November 16, im römischen Kalender unter die verwünschten Tage hatte setzen lassen.

---

1) Th. Mommsen, Römische Geschichte B. 5 S. 43, sucht dort die Niederlage des Varus.
2) Th. Mommsen, R. G. B. 5 S. 90.   3) B. J. 79 S. 189.   4) Inschrift bei Lipsius, Wallraf S. 7.

Das oppidum Ubiorum im Inselrevier, am Fuss des Römerlagers, war den ubischen Fürsten und Aeltesten [1]), welche die Sache der germanischen Heimath verlassen und in der Nachbarschaft Freud und Leid mit der dort wohnenden Familie des Germanicus getheilt hatten, zu eng geworden, und so übergaben ihnen die Römer ihr altes Legionslager im Sinne des jetzt zur Wahrheit gewordenen Wortes „ut arcerent, non ut custodirentur" [2]).

Statt der anfänglich einfachen Erdwälle und Gräben war dies Lager gewiss schon vor dem Beginn der christlichen Zeitrechnung mit Mauern und Türmen befestigt gewesen. Man musste die starke Garnison von 10 bis 12000 Mann beschäftigen, und wenn die Römer schon damals jene mächtigen Mauerkanäle erbauten, so wurden wohl auch Mauerbefestigungen angelegt. Jedenfalls sind es diese Mauern, von welchen die Tencterer im Jahre 69 n. Chr. fordern, dass sie von den Agrippinensern zerstört würden. Bezeichnend ist die Antwort, dass die Ubier das Bündniss mit Civilis annehmen, ihre Mauern aber nicht niederreissen, sondern lieber erweitern möchten (augere) [3]). Diese Mauern bestanden also schon lange als „Bollwerke der ubischen Knechtschaft" und eine Erweiterung erschien schon damals wünschenswerth.

Mit der Begründung der Colonia Agrippinensis verband sich selbstredend die Verlegung der bisherigen Besatzung. Die erste Legion nahm ihr Winterlager in Bonn, wo wir im Jahre 69 n. Chr. deren porta decumana von den Batavern erstürmen, das feste Lager zerstören, aber schon im Jahre 70 durch Cerialis wieder herstellen sehen [4]). Die 20. Legion, die alte Gefährtin der 1., war schon im Jahre 43 von Köln nach Britannien marschirt und durch die 15. oder 16. Legion ersetzt worden. Letztere finden wir im Jahre 69 in Neuss.

Wahrscheinlich beim Abzuge der römischen Legionen aus Köln im Jahre 50 n. Chr. war der bisherige Wacht- und Signalposten Alteburg, 2 millien südlich von Köln, der schon seit Anlage der römischen Rheinstrasse bestand [5]), zum castrum vetus erweitert worden. Seine Ueberreste lassen noch heute Seitenlängen von 200 und 225 m deutlich erkennen und konnten sehr wohl als Winterlager für 2 Cohorten à 500 Mann dienen. Zu diesem Lager und unter dessen Schutz führte zum Rhein ein Zweig des Eifel-Kanals, der zu Anfang des 2. Jahrhunderts erbaut wurde [6]). Für die Benutzung dieses Lagers im 1. Jahrhundert aber sprechen die dort gefundenen Ziegel der 6. Legion, welche in der Zeit von Vespasian's bis Trajan's Regierung an mehreren Punkten der Niederrheingegenden stand, ausserdem in sehr bezeichnender Weise Ziegel der vexilla veteranorum und einer germanischen Cohorte Ubier. So hatten letztere mit den Rechten der Colonia auch die Pflichten des Militärdienstes übernommen. Es deutet dies auf eine vollständige Verschmelzung der römischen und germanischen Interessen, welche demnach hier in der römischen Hauptstadt am Niederrhein bereits im ersten nachchristlichen Jahrhunderte eingetreten war. Die Germanen fanden sogar eine Ehre darin, als Agrippinenser den Namen der römischen Kaiserin zu führen [7]) und werden zur Zeit des batavischen Aufstandes als die in der Stadt Herrschenden (domini) bezeichnet.

Bei dieser Verschmelzung des römischen und germanischen Volkswesens ist das Ergebniss unserer Fundkarte von Interesse, dass im alten Römerlager, weniger in der erwei-

---

1) Caesar bell. gall. IV 11.   2) Tac. germ. 28.
3) Tac. hist. IV 64. 65.   4) Tac. hist. V 22.
5) B. J. 79 S. 26.   6) B. J. 80 S. 14.
7) Tac. germ. 28.

terten Colonia die zahlreichen Skulpturen, Altäre und Inschriften des römischen Götterdienstes neben dem germanischen Kultusdienst der Matronen und fremden Gottheiten stehen. Gerade dort entwickelte sich ein wahrer Luxus in Skulpturen, schönen Gefässen, Metallarbeiten, Lampen, Hausbedürfnissen, Zeugen für eine hohe Kunstentwickelung. Ueber die Grenzen des alten Lager hinaus vereinzeln sich die Funde, aber jenseits der Grenzen der erweiterten Colonia liegen die zahlreichen Spuren und Reste des Kunsthandwerks wirklicher Fabriken kostbarer Gläser, mannigfacher Thonwaaren und Metallarbeiten, deren Erzeugnisse in den reichen Gräberfeldern von St. Ursula, Gereon und Severin sowie neben den alten Heerstrassen niedergelegt worden sind.

In dem Gemeinwesen der Colonia herrschten römisches Recht und römische Einrichtungen, und in ihrem Gefolge ein ganzes Heer geldgieriger Beamter für Verwaltung und Steuer. Das alte Rom war in der neuen Colonia mit aller Pracht, aber auch mit seiner Sittenverderbniss und seiner Soldatenwillkühr wieder erwacht, welch letztere in Köln Vitellius zum Kaiser erhob und den Grund zu neuem Bürgerkriege legte.

V. Vitellius in Köln zum Kaiser erhoben.

Als Galba im Jahre 69 n. Chr. Kaiser wurde, sandte er den Vitellius als konsularischen Legaten nach Niedergermanien, wo derselbe im Praetorium der Colonia Agrippinensis sein Hauptquartier nahm, in der Nähe der ara Ubiorum, wahrscheinlich im ehemaligen Wohnhause (palatium) des Germanicus Vitellius liess am 1. Januar 70 die 5. und 15. Legion in Vetera, die 16. in Neuss, die 1. in Bonn dem neuen Kaiser huldigen, nur die Mainzer Legionen widersprachen und zerschlugen die Bildnisse Galba's. Der Adlerträger der 1. Legion brachte in der Nacht zum 2. Januar 70 dem Vitellius bei dem Nachtmahl diese Nachricht und schon am folgenden Tage begrüsste ihn Fabius Valens mit der Reiterei des Bonner Lagers als Kaiser in Köln[1]). Suetonius erzählt in seiner Lebensbeschreibung des Vitellius, dass die Soldaten ihn im Hauskleide am Abend aus seinem Zimmer holten, ihn zum Kaiser ausriefen, aus dem Heiligthum des Mars, das ist die ara Ubiorum im heutigen Inselrevier, das blanke Schwert Caesar's entnahmen, dem Kaiser dies in die Hand gaben und ihn durch die belebtesten Strassen der Stadt trugen. Als er in das Praetorium zurückkehrte, brannte dessen Speisezimmer; mit den Worten „Seid guten Muthes, das leuchtet mir!" beruhigte er schnell gefasst seine Umgebung. Er nahm den Beinamen Germanicus an, bald darauf ward Galba ermordet, und als der Gegenkaiser Otho bei Bedriacum geschlagen war, sandte Vitellius den Dolch des Otho, mit dem dieser sich den Tod gegeben hatte, als Weihegeschenk nach Köln für jenen Marstempel der ara Ubiorum[2]).

Die rheinischen Legionen marschirten mit den Batavo-Cohorten nach Italien, um dort für Vitellius zu kämpfen, so dass nur schwache Besatzungen in den Lagern am Rhein zurückblieben. Da verliess der Bataverfürst Julius Civilis die Partei des Vitellius, schloss sich dem

---

1) Tac. hist. I 57.   2) Suet. Vitellius 10.

im Orient zum Kaiser ernannten Vespasian an und entzündete einen Aufstand nominell gegen Vitellius, in Wahrheit gegen die Römerherrschaft am Rhein überhaupt. Das Bonner Lager ward von den über Mainz zurückkehrenden Bataver-Cohorten erstürmt und zerstört, aber an der festeren Colonia Agrippinensis, die dem Vitellius treu blieb, gingen die Batavischen Sieger vorüber, während ubische Cohorten in Düren (Marcodurum) von den Aufrührern vernichtet wurden [1]).

Die Treviler schlossen sich dem Aufstande des Civilis an, welcher Vetera belagerte. Nach wechselvollen Ereignissen, nach den Kämpfen bei Gelduba und Novesium, nach einem Versuch Vetera von Mainz her zu entsetzen, was zur Errichtung eines gallischen Reiches durch Classicus führte, erlag Vetera dem Hunger, und die Reste der beiden Besatzungslegionen wurden mit Verletzung der Kapitulationsbedingungen von den Germanen niedergemacht. Novesium, Bonn und Mainz waren in den Händen der Bataver, während Köln im Vertrauen auf seine Befestigung sich durch Versprechungen eines Bündnisses den Parteikämpfen zu entziehen wusste, und im Grunde unpartheiisch blieb.

Ein starkes Römerheer von zehn Legionen, aus Spanien, Italien, Rhätien, Britannien zusammengebracht, ging unter Cerialis gegen die Aufständischen vor. Mainz und Trier fielen in die Hände der Römer. Ein bereits gelungener Vorstoss des Civilis auf Trier scheiterte, und das neue gallische Reich brach zusammen. Köln erklärte sich jetzt entschieden für Rom, es bildete in dieser Krisis am Rhein die Hauptstütze der Römerherrschaft, beging aber an seinen germanischen Landsleuten den schmählichen Verrath, diese in den Häusern der Stadt beim Anmarsch der Römer niederzumachen und eine an der Grenze in Zülpich lagernde Cohorte des Civilis, aus Chaukern und Friesen bestehend, in hinterlistiger Weise nach dem Verschluss der Burgthore zu verbrennen [2]).

Civilis wurde bei dem zerstörten Vetera geschlagen und mit dem Ablauf des Jahres 70 erlosch der Aufruhr, welcher die innere Zerrüttung des römischen Staats- und Heerwesens deutlich offenbart hatte, wenn es demselben auch gelang sich bis zum Ansturm der Alamannen und Franken den Germanen gegenüber zu behaupten.

VI. Trajan, Gallienus, Probus, 98 bis 282 n. Chr.

Trajan erhielt in Köln die Nachricht von seiner Adoptirung durch Nerva und übernahm hier als Imperator die Regierung des römischen Reiches. Schon als Präfekt von Niedergermanien hatte er die unruhigen Germanen im Zaum halten müssen, mit denen jetzt seit über zwei Jahrhunderten, seit dem Cimbrischen Schrecken, immer neue blutige Kämpfe erforderlich waren [3]). Ausser grossen Befestigungsbauten in der Gegend des zerstörten Vetera (Ulpia sancta, Tricesima) leitete Trajan wahrscheinlich die Vorarbeiten für den Bau des Eifelkanals, den Kaiser Hadrian im Anfange des 2. Jahrhunderts vollendete.

In der Mitte des 3. Jahrhunderts kam Köln zu neuer historischer Geltung, als Alamannen und Franken die Rheingrenze bedrohten. Kaiser Gallienus (253 bis 268), der Sohn

---

1) Tac. hist. IV 28.   2) Tac. hist. IV 79.   3) Tac. germ. 37.

und Mitkaiser des Valerian, vertheidigte erfolgreich den Niederrhein gegen das Vordringen der Franken, bis er gezwungen wurde an die Donaugrenze zu ziehen um diese zu schützen[1]). Er hatte seinen jugendlichen Sohn Saloninus in Köln zurückgelassen und Postumus die Vertheidigung der Rheingrenze übertragen. Aber Postumus (258 bis 268) wurde von den rebellischen Legionen zum Kaiser ausgerufen, belagerte und eroberte Köln, wo er den Sohn des Gallienus hinrichten liess, und als selbstständiger Herrscher ein gallisch-germanisches Reich errichtete, dessen Hauptstadt Colonia Agrippinensis wurde, hier befand sich der Senat und hier und in Lyon wurden Münzen auf den Namen des neuen Kaisers geprägt. Ueber 400 verschiedene Münzen des Postumus sind, besonders durch de Witte's numismatisches Werk, bekannt geworden, unter denen einige zwanzig den Postumus Hercules Deusoniensis (darauf, dass dieser Beiname sich auf eine Stadt beziehe, wiess van Vleuten, B. J. 72, 85 hin; es ist unter ihm wohl Deutz, nicht Duisburg zu verstehen) nennen; einige derselben, so eine Goldmünze des Kaisers im Besitze des Herrn Merken's sind von hervorragend künstlerischem Werthe und zeigen eine an die besten Zeiten erinnernde Präge. Auch die Legerden dieser Münzen sind nicht ohne Interesse und erlauben zuweilen Schlüsse auf anderweitig nicht bekannte geschichtliche Thatsachen, wie unter anderem auf eine in der Nähe von Deutz vorgefallene Schlacht, u. a. m.

Franken und Alamannen verwüsteten damals Gallien bis nach Italien und Spanien hin und das rechte Rheinufer fiel gänzlich in die Hände dieser Völker. Nach der Herrschaft der sogenannten Tyrannen von Postumus bis Victorinus und Tetricus wurde erst im Jahre 272 Aurelian in Gallien als rechtmässiger römischer Kaiser anerkannt, allein nach seinem Tode begannen die Verwüstungen der Germanen von Neuem.

Kaiser Probus (276 bis 282) warf diese Feinde siegreich zurück, ging sogar angriffsweise über den Rhein vor, als die Franken auf dem rechten Rheinufer drohend der Colonia Agrippina gegenüber standen. Aber es handelte sich jetzt nicht mehr um Eroberungen, die Behauptung der Rheingrenze war der einzige Zweck dieses Zuges.

VII. Kaiser Constantin (305 bis 337).

Kaiser Probus hatte Gallien bis zum Rhein der römischen Herrschaft wieder unterworfen, nicht lange ehe Diocletian das schwerfällige Reich in die östlichen und westlichen Provinzen theilte, ein Zustand, welcher dauerte bis Kaiser Constantin die Alleinherrschaft übernahm. Durch ihn wurde Colonia Agrippinensis die Hauptstadt der Germania secunda, welche rheinaufwärts bis zum Vinxtbach am Rheineck, im Westen über die Maas hinaus bis nach Tongern reichte. Diese Provinz behielt eigne Verwaltung, eignes Gericht, und neben einem Heer von Beamten hatte der Oberfeldherr mit seinem zahlreichen Stabe in der Hauptstadt Köln seinen Sitz.

Im Jahre 306 ging ein starkes römisches Heer unter Constantin bei Köln über den Rhein, und verwüstete das germanische Land bis zur Ruhr und Lippe, nach seiner Rückkehr liess der Kaiser die gefangenen fränkischen Fürsten Ascaricus, und Ragaisus im Amphitheater

---

[1]) B. J. 4, 56; 12, 165; 43, 112. Th. Mommsen, Römische Geschichte V, 149.

von wilden Thieren zerreissen. Erschien dies auch eben so wenig christlich wie der kaum zuvor erfolgte Märtyrertod der Christen von der Thebaischen Legion zu Köln bei St. Gereon, zu Bonn und zu Xanten, so liegt doch in der Duldung und Annahme des Christenthums durch Constantin die hohe historische Bedeutung seiner Regierungszeit begründet, insofern das römische Kaiserreich bei der herrschenden Sittenverderbniss und bei den drohenden Kämpfen und Gefahren noch ein Mal neue Kräfte durch das Christenthum gewann, bevor es dem germanischen Ansturm erlag. Jener wichtigen Epoche der Erhebung verdankt Köln die damalige Ueberbrückung des Rheins im Zusammenhang mit dem Bau des festen Brückenkopfes Deutz.

1. Constantin's Rheinbrücke bei Köln.

Die neuere Behauptung, dass schon vor Constantin's Zeit Holz- und Schiffbrücken bei Köln über den Rhein geschlagen wurden, lässt sich historisch nicht erweisen und ist von massgebenden Autoritäten widerlegt worden [1]). Den anwohnenden Ubiern, welche als ausgezeichnete Schiffer den Rhein beherrschten, war der freie Strom ein natürlicher und wichtiger Schutz gegen ihre eifersüchtigen germanischen Stammgenossen, und wenn die befreundeten Stämme Brücken brauchten, so boten die Ubier schon seit Caesar's Zeit für das Uebersetzen der Heere ihre zahlreichen Schiffe an. Erst die immer drohendere Gefährdung der Hauptstadt durch die Franken bewog die Römer zum Bau einer festen Rheinbrücke, und eine Stelle des Eumenius [2]) erweist und erklärt, dass Constantin dort gegen das Jahr 310 jene Steinbrücke begann, die später eine Brücke für die Franken geworden ist, da die Römerherrschaft dort noch in demselben Jahrhundert fiel. Mit dieser Brücke steht der Deutzer Brückenkopf nach Zweck und Bauart im genauesten Zusammenhang.

Broelmann's Epideigma giebt uns eine etwas phantastische Zeichnung dieser Brücke, deren Pfeilerreste bei niedrigem Wasserstande des Rheins in den Jahren 1766, 1848 und 1854 der Salzgasse gegenüber, in der Richtung des Brückenstosses und der Mittellinie des Deutzer Castrums gefunden worden sind. Die Mauerreste dieser Pfeiler bestehen aus $^2/_3$ Trassmörtel mit $^1/_3$ Steinstücken. Sie waren 3 m breit, 12 m lang, und zeigten 27 m Spannung bei 24 m Zwischenraum von Mitte zu Mitte dieser Pfeiler.

Die obere Brückenbreite betrug 6 bis 8 m, die Brückenlänge 370 m von dem in Deutz festgestellten Rheinthor des Kastells bis zum Kölner Rheinwerft.

Die Brücke hat wahrscheinlich kaum ein Jahrhundert überdauert, sie erlag vermuthlich den Zerstörungen der Franken, als diese die ganze Stadt vor und nach Julian's Herstellungsbauten in Trümmer legten. Von einer Benutzung der Brücke zur Zeit der Frankenherrschaft oder während der Kriegszüge Carl des Grossen ist nirgends die Rede, und als Erzbischof Bruno im 10. Jahrhundert die Brücke gänzlich niederlegte, bedeutete dies nur eine Entfernung der für die Schifffahrt hinderlichen Steintrümmer.

---

1) Pick's Monatshefte VII S. 357.
2) Eumenius Panegyr. Constantino Aug. dict. c. 10—13.

2. Deutzer Castrum.

Nach beiliegender Fundkarte bildete die Brücke die centrale Verbindungslinie zwischen dem Kölner Legionslager und dem castrum Divitense, von Regino im 8. Jahrhundert Diuza castrum genannt. Bei seiner quadratischen Form von ca. 150 m Seitenlänge (148 m = 500 römische Fuss) bot dasselbe bei ca. 132 m innerer Seitenlänge etwa 2 ha Lagerraum für eine Besatzung von 1 bis 2 Cohorten, deren Stärke zwischen 300 und 600 Mann wechselte.

Schon im 15. Heft der Bonner Jahrbücher von 1850 schrieb Prof. D e y c k s über „Deutz, eine Römerveste". Die Details dieser Veste hat General W o l f durch seine verdienstlichen Ausgrabungen seit dem Jahre 1880 festgestellt [1]).

Die Umfassungsmauern, deren 3,70 m starke Fundamente 4,50 m über dem Nullpunkt des Kölner Pegels liegen, sind durchschnittlich 3,50 m stark, also 1 m stärker als die äusseren Bekleidungsmauern des Kölner vallum. dessen Fundamente auf der Rheinfront mit Rücksicht auf den tiefen Wallgraben nur 2 m über jenem Nullpunkt liegen. Der Hofraum des Deutzer Castrum lag 7 m über dem Nullpunkt, also nicht so wasserfrei als das 14 bis 18 m hochliegende Kölner Legionslager. Auch diese Zahlen sind ein Beweis für die bei II 4 ausgesprochene Ansicht, dass der mittlere Rheinspiegel zur Römerzeit etwa 3 m tiefer lag als heutzutage.

Das Deutzer Castrum hatte also statt des Kölner agger oder vallum einfache Mauern, wie wir dieselben in ähnlicher Stärke im römischen Boppard und Trier finden, mit Zinnenbrustwehr und mit einem oberen Wehrgang von etwa 2 m Breite, dagegen zahlreiche Türme.

Während wir in Köln Wallturme von ca. 9 m Durchmesser mit 1 bis 2 m starken Mauern, und Interturrien von 84 m sahen, hatte das Deutzer Castrum Türme bis zu 13,75 m Durchmesser mit 4 bis 5 m starken Mauern und Interturrien von ca. 20 m.

Neben der porta praetoria und decumana mit ihren 8,50 m breiten Eingangsthoren liegen Halbtürme, mit den übrigen zusammen im Ganzen 18 Türme. Vor der Mauerumfassung zeigten sich stellenweise Andeutungen von Spitzgräben, 2 m von der Mauer abgerückt, 3,6 m breit und tief. Die Mauern sind hier weit sorgfältiger gebaut als bei der Kölner Befestigung, haben auch nirgends die Verzierungen des Clarenturms, die wahrscheinlich einer späteren Zeit angehören. In Deutz sind die Fundamente von Basalt-, Trachyt- und Tuffblöcken gebaut; die Aussenflächen der freistehenden Mauer zeigten drei Tuffsteinlagen durch einen Streifen von rothen Ziegelsteinen getrennt, in Köln dagegen 8 bis 10 cm hohe, 10 bis 30 cm lange Grauwackensteine mit ihren weiten Mauerfugen.

Die Fortsetzung der Brückenstrasse durch das Deutzer Castrum führte in der Richtung Kalk, Brück und Bensberg mit Nebenstrassen auf Wipperfürt und Drabenden. Das Castrum hatte keine Seitenthore, aber hinter der Kehle führten am Rhein entlang alte Wege nördlich auf Mülheim, südlich über Porz, mit Verzweigungen zur unteren Sieg.

Die Mauern des Castrum überdauerten die dazu gehörige Brücke. Der Deutzer Abt

---

1) B. J. 68, 1880 S. 18 ff. Westdeutsche Zeitschrift I 1882 S. 49. Vgl. Dr. Bone's übersichtliche Beschreibung, Köln 1880 bei Bachem erschienen.

Rupertus, der in der Mitte des 12. Jahrhunderts lebte, schreibt die Gründung des Castrum dem Kaiser Constantin zu, die Zerstörung in der Mitte des 10. Jahrhunderts dem Erzbischof Bruno von Köln, dem Bruder des Kaisers Otto I., doch sei das Kastell auf Befehl dieses Kaisers nothdürftig wieder hergestellt worden. Erzbischof Heribert habe im Jahre 1003 Kloster und Kirche von Deutz innerhalb der alten Befestigung erbaut.

Die zahlreich in Deutz gefundenen Alterthümer[1]) sind oft zum Nachweis herangezogen worden, dass die Gründung des Castrum weit vor der Zeit Constantin's liege. Bei den Ausgrabungen sind aber trotz der verschiedenen Bau-Epochen und Turmkonstruktionen keine älteren Mauerfundamente gefunden worden. Scheinbare Grabenreste, die sich in der Mitte des Castrum, 60 m vom Rhein parallel mit demselben zeigten, mögen früheren Befestigungen angehören, deren Zeit sich nicht nachweisen lässt.

Der im Jahre 1880 aufgefundene Inschriftstein des Marcus Aurelius Antoninus Pius ist allerdings auf das Jahr 163/5 datirt. Dieser Stein war aber am östlichen Thor des Castrum angebracht oder benutzt und bietet für die Zeit des Castrumbaues keinen sicheren Anhalt. Die gefundenen Ziegelsteine der 8. und 22. Legion weisen nicht mit Bestimmtheit auf die Zeit des Bataverkrieges hin, da beide Legionen vom 1. bis zum 4. Jahrhundert in Obergermanien standen, und ihre Maurer und deren Baumaterial sehr wohl zu Schiffe von Mainz nach Köln für die Ausführung von Befestigungsarbeiten schicken konnten. Mehr Interesse bieten von den Deutzer Funden ausser der hübschen Skulptur des Hirten mit den Schafen die Grabsäule mit den Pinienschuppen als Todesemblem, und der hier gefundene, später verlorene, auf das Jahr 123 datirte Stein, welcher den matribus Suebis gewidmet ist (Brambach 440).

3. Der Erweiterungsbau der Colonia Agrippinensis

ist ein drittes grosses Werk aus der Mitte des Constantin'schen Jahrhunderts, derselbe erstreckte sich nach Süden und Westen hin, mit Beibehaltung der bisherigen günstig gelegenen Nord- und Ostfront des alten Römerlagers. Es lag schwerlich ein Grund für die Ubier vor, dies Lager gleich nach Besetzung des grossen frei gewordenen Raumes zu erweitern, als die beiden Legionen es im Jahre 50 n. Chr. verlassen hatten. Der Flächenraum des Inselreviers, wo bisher das oppidum Ubiorum mit der ara Ubiorum und dem Wohnhause des Germanicus lag, war durch Besetzung des Lagers etwa verdreifacht worden, für die vorläufige Behauptung gerade dieses Raumes sprach seine starke Befestigung, die im Laufe einiger 80 Jahre allmälig immer mehr verstärkt worden war. Eine theilweise Zerstörung der römischen Wälle hätte wie ein Undank der Beschenkten ausgesehen, und die Bebauung dieses Raumes mit Wohngebäuden beanspruchte jedenfalls alle Kräfte der Ubier, von denen wohl nur die Fürsten, die Aeltesten, die Wohlhabendsten und die Krieger des Volkes das gegen jeden Feind und gegen die Hochfluthen des Rheins geschützte feste oppidum besetzten.

Wir sahen bereits, dass den Abmessungen des alten Römerlagers die Führung der Brücke nebst dem Deutzer castrum entsprach, während jener spätere Erweiterungsbau Jahr-

---

1) Vgl. das Fundverzeichniss für Deutz.

zehnte lange Vorbereitungen und Arbeiten, Kosten und Zeit zur Heranschaffung des Steinmaterials erfordern musste. Im zweiten Jahrhundert herrschte hier friedliche Ruhe, aber während des dritten Jahrhunderts waren die Ubier durch politische Unruhen, welche die Usurpationen der Tyrannen herbeiführten, beschäftigt. In der Mitte und am Ende des dritten Jahrhunderts pochten die Franken bereits drohend an die Thore der Colonia, so dass wohl erst damals das alte Römerlager nicht gross genug erschien, um auch die Bewohner der nächsten Umgebungen mit ihrer Habe gegen feindliche Invasionen und gegen Belagerungen zu schützen. Im Batavischen Kriege 69/70 n. Chr. trotzten die alten Mauern ihren Feinden, aber im Jahre 258 belagerten und eroberten die Legionen des Postumus die Römerfestung.

Wir müssen die erste Erweiterung des Legionslagers in die 2. Häfte des 4. Jahrhunderts setzen. Die erweiterte Colonia wurde vielleicht noch vor ihrer Vollendung von den Franken zerstört, unter Julian als eine „urbs munitissima" wieder hergestellt, wie Ammianus Marcellinus sagt. Bei dieser Zeitbestimmung befinden wir uns mit den Forschungen und Ansichten eines der besten Kenner der Geschichte des alten Köln, mit Prof. Düntzer, in Uebereinstimmung und werden darlegen, dass die Bauart dieser Erweiterung einen ganz anderen Charakter trägt, als der Mauerbau bei der Befestigung im 1. Jahrhundert, wie dies auch Dr. Ennen in einem Aufsatz[1]) über die Befestigung dieser Stadt ausgesprochen hat.

Den Arbeiten des Oberlehrers und Baumeisters M. Mertz[2]) verdanken wir die lineare Beschreibung und Zeichnung der Römermauer nach ihren Abmessungen, Türmen und Gräben; nur auf Grund dieser wichtigen Linien gelang es bei gelegentlichen Neubauten in den letzten Jahren, den eigentlichen Wallkörper (agger) der römischen Befestigung an einzelnen Punkten der Umfassung festzustellen.

Die äussere Wallmauer der erweiterten Colonia tritt am Laach unter der Westseite der Strasse „Alte Mauer" sichtbar zu Tage, zeigt ausserdem ihr Profil deutlich messbar in dem 3 m tiefen Keller des Hauses Nr. 48 am Neumarkt. Hier liegt 8 m von der Strassenseite der 1 röm. Fuss breite Maueransatz $1/_2$ m über der Kellersohle, und über diesem Absatz ist die Mauer 2,40 m stark, zeigt Füllmauern von Grauwackensteinen, 10 bis 30 cm lang, 8 bis 10 cm hoch mit 2 bis 3 cm breiten Fugen, wie wir diese Bekleidung beim Neubau Burgmauer Nr. 22 (II 4 erwähnt), im Garten der Alexianerstrasse Nr. 19, und an verschiedenen Punkten der Mertz'schen Mauer ähnlich sahen.

In der Strasse „Alte Mauer" südlich vom Laach wurden im Frühjahr 1885 beim Neubau des Hauses Nr. 28 östlich von der 5 m breiten Strasse in 3 m Tiefe zwei Römermauern von Grauwacke, Basalt und Trachyt aufgedeckt, in einer Entfernung von genau 12 m parallel mit jener Hauptmauer verlaufend. Die Fundamente dieser Mauer, der eigentlichen Reversmauer des agger, liegen $5^1/_2$ m unter dem Strassenpflaster, bilden für sich zwei Parallelmauern von 0,84 und 1,3 m Stärke, mit 1,6 m Zwischenfüllung von Erde und Schutt, im Ganzen 3,7 m breit. Die Aussenmauer war dort 2,40 m stark, so dass der ganze Wallkörper eine Stärke von 18 m = 60 römische Fuss zeigte. In der Tiefe der Erdfüllung der Reversmauer wurde eine kaum kenntliche Münze des Constantinus junior gefunden, die beim Funde in meinen Besitz

---

1) Annalen des Historischen Vereins für den Niederrhein 83. Heft, Köln 1879, S. 2.
2) Beitrag zur Feststellung und Lage der Römermauer von M. Mertz, Programm der Ober-Realschule zu Köln 1882—1883.

kam und vielleicht auf den Herstellungsbau zur Zeit Julians hinweist, obgleich solche vereinzelte Funde wenig Beweiskraft besitzen. Auch die 6 m breite via sagularis war deutlich erkennbar.

Die Fortsetzung dieser Reversmauer fand sich in der 3 m tiefen Ausschachtung beim Neubau des Hauses Nr. 14 im Laach, genau 12 m vom ehemaligen Turm der Hauptmauer, mit regelmässig behauenen, 9 cm hohen, 15 bis 30 cm langen Tuffsteinen erbaut und mit 2 cm starken Fugen, die sehr bröckligen Mörtel erkennen liessen. Die Fundamente lagen 2 m unter dem Strassenpflaster, wo ein alter Brunnen von 2 m Durchmesser sich an die Ostfront der Mauer lehnte, während jene saubere Mauerbekleidung sich nur nach Osten hin auf der Stadtseite zeigte.

In 2 bis 3 m Tiefe der Ausschachtung war die via sagularis aufgedeckt, deren rohe Bekleidungsmauer nebst einem Brunnen im Keller des Nebenhauses Nr. 16 von bleibendem Interesse sein dürfte. Jene beiden Brunnen und sehr zahlreich gefundene Bausteine von Drachenfelser Trachyt deuten auf die Lage des Römerkanals am Laach, der vom Marsilstein zur Cäcilienstrasse verlaufend in grosser Tiefe zu suchen ist.

Im Frühjahr 1885 wurde ferner unter der Giebelfront zweier Häuser der Ostseite der Martinsstrasse zwischen Obermarspforten und Höhle in 4 m tiefen Ausschachtungen die römische Reversmauer, in einer Entfernung von 12 m parallel der Hauptmauer gefunden, die östlich von der Martinsstrasse zur Marpforte führt. Eine zweite Parallelmauer von Basalt und Trachyt, 1 m stark, lag innerhalb der Baugrube 11 m von dieser Reversmauer und war sicher die innere Einfassung der 12 m breiten Wallstrasse am Fuss des agger, innerhalb des Römerlagers. Wir haben also auch hier jenen 18 m starken Wallkörper, westlich davon die Wallstrasse, östlich davon den 30 m breiten Wallgraben. Der Wall hatte, nach dem Grabenprofil zu schliessen, eine wahrscheinliche Höhe von 12 m, mit einem 12 m breiten Vertheidigungswall hinter der 2 m hohen Zinnenmauer, die sich also etwa 12 m über dem Lagerraume, etwa 20 m über der Grabensohle erhob.

Diese Reversmauer nahe der Marporte scheint in derselben Richtung und in demselben Abstande von der Hauptmauer zu liegen, wie die Mauer, welche nach dem 41. Heft der B. J. S. 65 im Jahre 1570 beim Bau des Rathhausportals und im Jahre 1861 an der Judengasse gefunden ist. Da sich Estrich und Wandverputz im Zusammenhang mit diesen Mauern durch ihre ehemalige Benutzung als Wohnräume erklären liessen, auch einige Architekturreste und der bekannte Inschriftstein Brambach 331 von der Herstellung des Praetorium's in der Nähe gefunden wurde, hielt man diese Mauern für Reste des Civil-Praetorium's, eine Ansicht, welche schon damals wegen der grossen Nähe der Festungsmauer als unwahrscheinlich geltend gemacht wurde. Auch diese Mauer war gerade wegen jenes Verputzes sicher die Reversmauer, die innere Mauerbekleidung des Römerwalles.

Wenn die Abmessungen eines solchen Wallprofils sehr gross erscheinen sollten, so verweisen wir auf die allerdings schwächeren, aber ähnlichen Profile der Wälle von Pompeji, Mainz und Bonn, welche 9 m breit sind. Die sehr interessante römische Befestigung von Vienna[1]), welche aus der Zeit Caesar's stammt, zeigt freilich nur eine mittlere Mauerstärke von 7 m bei 15 m Höhe, dabei ist aber zu berücksichtigen, dass die steilen Bergabhänge dort keinen

---

1) Congrès archéologique de France à Vienne, 1879.

Graben, aus welchem die Erde zur Anschüttung des agger zu entnehmen war, zuliessen oder erforderlich machten. Dagegen haben die Wallreste des mächtigen limes a Tiberio coeptus[1]), welche an der Lippe zwischen Haltern und Hullern von der Chaussee durchschnitten werden, in Ermangelung von Mauern, auf einer etwa 1 km langen Strecke eine untere Profilbreite von 40 m bei 6 m Höhe. Aehnliche Wälle finden sich in der Gegend von Borken, und hoffen wir bei Beschreibung dieses ältesten von Mommsen und von Cohausen unmittelbar an den Rhein verlegten oder übergangenen limes[2]), welcher in den Kriegen des Germanicus eine wichtige Rolle gespielt hat, auf diese Anlagen zurückzukommen.

Die Bauart des Kölner Römerlagers wurde in Betreff der Profile im Wesentlichen auch bei dem Erweiterungsbau der Colonia beibehalten, die Fundamente lagen mindestens $2^{1}/_{2}$ m tief und waren 3 bis $3^{1}/_{2}$ m breit, dann folgte ein 1 röm. Fuss hoher und breiter schräger Absatz, dann die Futtermauer 2.40 bis 2,50 m stark. Für die Bestimmung der Zeit, aus welcher die Befestigung stammt, ist der sehr verschiedene hier verwendete Mörtel massgebend, und dies um so mehr, als damals wie noch heute (vgl. den Briefwechsel Göthe's mit dem Staatsrath Schultz. Leipzig 1853 S. 838) die Herstellungsweise dieses Materials als eine Art Kunstgeheimniss galt.

Eine Sammlung von Mörtelproben unterstützt, wenn man ausser den Wallmauern auch unsere Römerkanäle in Betracht zieht, jenen Vergleich. Wir finden hier überall den Eifelkalk benutzt, dessen Brüche eine Stunde westlich von Zülpich die ehemaligen Arbeiten der Römer noch erkennen lassen, die alte Reimser Strasse über Zülpich nach Köln ward dann zum Transport benutzt. Jetzt zieht man am Rhein diesem Eifelkalk den Kalk von Trier, von der Lahn und vom Main entschieden vor. Im Uebrigen waren die Elemente des Mörtels im Sande, Kies, Ziegelbrocken etc. gegeben, und doch war seine Bindekraft in Folge der verschiedenen Bereitung wesentlich verschieden.

Der Mörtel von der Burgmauer in der Nähe des Domes erscheint als ältestes römisches Fabrikat in Köln, äusserst fest mit grossen Rheinkieseln, scharfem guten Rheinsand und mit den Bruchsteinen verbunden, wie sich dies namentlich in den Fundamenten der Burgmauer Nr. 22 (II 4) und am Zeughausturm zeigte, aber ohne eine Spur von Ziegelbrocken oder Ziegelmehl. Ebenso fest und gut erscheint der Mörtel der Römermauer in der Martinstrasse nahe der Marporte, aber von rothen Ziegelbrocken, Rheinkieseln und wenig Sand durchsetzt. Es erscheint natürlich und sachgemäss, dass diese Mauern nach Vitruv's Vorschrift Cap. VIII schichtweise aufgeführt sind, um durch plötzliches (repente) Löschen des Kalkes unter Abschluss der Luft durch eine Sandschicht, jene felsenharte Verbindung herzustellen.

Dagegen zeigt der Mörtel der Erweiterungsmauer am Laach in den Fundamenten einen grauröthlichen, sehr bröckligen Bruch, sehr viel Sand, theilweise schlechten Lehmsand, einzelne kleine Ziegelbrocken mit Ziegelmehl, zahlreiche Kohlenstücke, die vielleicht beim sogenannten Stochen des Kalkes beim Brennen, möglicher Weise aber auch aus den Zerstörungsstätten der Stadt in den Kalkmörtel kamen. Dort an der Burgmauer und an der Marport fanden wir den ausgezeichneten Mörtel der praktisch erfahrenen Legionssoldaten,

---

1) Tac. ann. I 60.
2) Th. Mommsen R. G. B. V. S. 112. Karte III u. V. Von Cohausen, röm. Grenzwall, S. 849.

hier am Laach flüchtige Arbeit, in der Eile vielleicht von den germanischen Ubiern ohne die nöthige Sorgfalt nachgeahmt, wobei das alte Wort gilt: „si duo faciunt idem, non est idem". In den oberen Theilen der Römermauern am Laach ist der Mörtel allerdings besser, als in den unteren Theilen, zeigt hier auch eine andere Zusammensetzung und sehr wenig Ziegelbrocken, aber schon der Laie unterscheidet leicht diesen schlechteren Mörtel und Sachverständige in solchen Dingen haben diese Verschiedenheit ganz entschieden bestätigt.

Diese Einzelheiten sprechen Hand in Hand mit den allgemeinen historischen Verhältnissen für die Annahme, dass der Erweiterungsbau der Colonia erst der Mitte des 4. Jahrhunderts angehört. Dagegen war das alte Römerlager ein regelmässig reglementarisches Viereck, dessen ehemalige Süd- und Westfront von den Ubiern niedergerissen und benutzt wurde, um für die gewerblichen Verhältnisse einer vergrösserten Bevölkerung die Festungsmauern am Blaubach entlang bis zum heutigen Laach und Clarenturm auszudehnen.

VIII. Der Franke Silvanus in Köln zum Kaiser erhoben und ermordet 355, Julian in Köln 357.

Die Wallerweiterung der Colonia wird kaum vollendet gewesen sein, als die Franken von Neuem über den Rhein vorbrachen.

Damals hatte der tapfere und tüchtige Feldherr Silvanus dem Kaiser Constantius in seinem Kriege gegen Magnentius wichtige Dienste geleistet, er wurde nunmehr vom Kaiser als magister peditum zum Schutz des bedrohten Gallien nach Köln geschickt, von wo er die Franken zurückschlug.

Bald darauf veranlassten ihn Intriguen der kaiserlichen Hofpartei, mit seinen Landsleuten zu unterhandeln, seine Truppen schmückten ihn im Jahre 355 mit dem Purpur ihrer Fahnen, und riefen ihn in Köln zum Kaiser aus.

Der Römer Ursicinus kam mit einigen Tribunen und 10 kaiserlichen protectores[1]), unter denen sich der Erzähler dieser Vorgänge, Ammianus Marcellinus, befand, eiligst aus Mailand nach Köln, um den gefährlichen Aufstand mit List oder Gewalt zu unterdrücken.

Silvanus wohnte in Köln im „palatium regium" in der Nähe von St. Peter und der heutigen Caecilienkirche, wo Fundamente römischer Gebäude mit sehr schönen Mosaikböden gefunden worden sind, wo das älteste christliche Bethaus (conventiculum ritus Christiani) stand, und wo eine Inschrift (Brambach 360) auf das praetorium des Legaten hinweist[2]).

Ein Haufe gedungener Soldaten drang in jenes palatium ein, Silvanus wurde bei seiner Flucht an jenem Bethaus niedergestossen, nachdem er 28 Tage den kaiserlichen Purpur getragen hatte.

Bei diesen Thatsachen ist es für die damaligen Verbindungen und Verhältnisse von

---

1) Vgl. Fundkarte B Cunibertskloster Brambach 318, centurio protectorum.
2) Ammianus Marcellinus XV 5, B. J. 8 S. 76 und 14 S. 99.

Interesse, dass die Nachricht von der Erhebung des Silvanus in Köln durch die Signalstationen schnell nach Mailand kam. Von hier reiste Ursicinus auf kaiserlichen Befehl mit seinen Begleitern in 12 bis 14 Tagen nach Köln, und von der Erhebung bis zur Ermordung des Silvanus waren nur 28 Tage verstrichen, als dem im circus maximus versammelten Volke mit lauter Stimme zugerufen wurde „Silvanus devictus est", wie von Ammianus hinzugesetzt wird, „zur unaussprechlichen Freude des Kaiser Constantius". Nach dem Itinerar und nach der Karte beträgt aber die Entfernung zwischen Mailand und Köln 95 deutsche Meilen.

Nach dem Tode des Silvanus brachen die Franken von Neuem über die Kölner Brücke vor, verwüsteten das ganze linke Rheinufer und hausten im Jahre 356 zehn Monate lang in Köln, wo sie Alles, auch die Mauern, Türme und Paläste zerstörten. Nur Remagen und ein Turm „prope Coloniam", wahrscheinlich der der Altenburg, dessen Reste noch im 13. Jahrhundert an der Stelle der späteren Windmühle gesehen worden sind, wurden verschont[1]).

Da kam im Sommer des Jahres 357 des Kaiser Constantius Vetter Julian aus Italien mit einem mächtigen Heer an den Rhein. Die Franken zogen sich zurück, schlossen Verträge mit den Römern und Julian stellte binnen zwei Jahren die ehemaligen Befestigungen der „urbs munitissima" wieder her[2]).

Als Julian Apostata 361 Kaiser geworden war, konnte der geniale Feldherr eben so wenig wie seine Nachfolger Valentinian I., Gratian, Valentinian II. und Theodosius die immer erneuten Verwüstungen der Rheinlande verhindern, wenn es auch in Hieronymus Chronicon vom Jahre 377 heisst: „Saxones caesi Deusone in regione Francorum".

Im Jahre 388 erschienen die ripuarischen Franken, das heisst die alten Attuarier (Chattuarii) mit den Gugernern und Bructerern vor Köln. Die feste Stadt ward von den Römern entsetzt, die Franken „apud Carbonariam"[3]) aufgerieben. Aber bald kamen neue Schaaren bei Neuss über den Rhein und schlugen die Römer.

Im Jahre 389 bekämpfte der Franke Arbogast[4]) in römischen Diensten seine Landsleute mit Glück, ermordete aber im Jahre 392 seinen Kaiser Valentinian II. bei Vienne im heutigen palais du miroir[5]).

---

1) Ammianus Marcellinus XVI 3.
2) Ammianus Marcellinus XVI 3.
3) Kohlenwald, der allerdings mehrfach vorkommen kann, s. Annalen des Historischen Vereins für den Niederrhein, 33. Heft S. 69.
4) Auf Arbogast bezieht sich wahrscheinlich die bei II 5 b und im Fundverzeichniss A c erwähnte Inschrift Brambach's 360.
5) Vgl. Congrès archéologique de France, 1879 S. 109.

IX. Rückzug der Römer aus Köln, Herrschaft der Franken.

Gegen das Jahr 400 zogen sich die Römer aus Köln und aus Niedergermanien zurück. Die notitia dignitatum nennt um diese Zeit nur noch Bingen, Boppard, Coblenz und Andernach als römische Grenzstationen, während Remagen, Bonn, Köln und Neuss bereits in den Händen der Franken waren.

Genauere Nachrichten über die Zeit der Eroberung von Köln sind nicht bekannt geworden, auch nicht durch die neueren Werke über die Franken von G. Richter 1873 und R. Schröder 1880. Der heilige Hieronymus, der im Jahre 437 seine epistolae schrieb, sagt im 91. Briefe, dass damals unzählige wilde Völker ganz Gallien bis Lyon, Reims und Amiens in Besitz nahmen, und der Priester Salvianus erzählt im Jahre 440 in seiner Schrift „De gubernatione Dei" von der Eroberung und Zerstörung der Städte Mainz, Trier und Köln. „Dort waren „die Römer in Sittenverderbniss versunken gewesen, so dass zu ihrer Schande ein Volk er-„weckt wurde, welches sie vertrieb. Die Vornehmsten der Stadt Köln (unsere alten Ubier), „waren selbst dann nicht von ihren unanständigen Gastgelagen aufgestanden, als der Feind „in die Stadt einrückte, wo Knaben sowohl wie Greise dem Leichtsinn, dem Putz, der Ver-„schwendung ergeben, im Trunk von den Eroberern hingemordet wurden."

Diese Eroberung des Kölner Landes und seiner Hauptstadt erfolgte vier und ein halbes Jahrhundert nach Caesar's Rheinübergängen, nachdem die Römer 1½ Jahrhundert hindurch die immer wieder über den Rhein vordringenden Franken abzuwehren vermocht hatten.

Die Franken sind die Nachkommen der alten Sugambrer, der ehemaligen Nachbarn unserer Kölner Ubier auf dem rechten Rheinufer. Aus den Kriegen Caesar's am Rhein kennen wir jene kühnen germanischen Sugambrer, die ihre Brüder, die Usipeter und Tencterer schützten und aufnahmen, als ihre Schaaren zum grössten Theile von den Römern an der Roer-Mündung im Jahre 55 v. Chr. wehrlos hingeschlachtet worden waren (I 1), so dass sich auch hier das alte Wort erfüllt hat: exoriare aliquis nostris ex ossibus ultor.

Die Franken zogen noch als Heiden in Köln ein, erst ein Jahrhundert später nahm ihr Fürst Clodwig das Christenthum an.

X. Das Christenthum in Köln.

Das Christenthum hatte aber schon lange vor der Frankenherrschaft in den Rheinlanden seine Wurzeln geschlagen, zum Heile der Welt, der Zersetzung aller sittlichen Zustände gegenüber, welche die römische Kultur in ihrem Gefolge mit sich brachte.

Der christlichen Legende zufolge war der Apostelschüler Maternus der erste Bischof von Köln, Trier und Tongern [1]); zur Zeit Constantin's finden wir dann an der Spitze der christlichen Gemeinde zu Köln den historisch wichtigen Bischof Maternus.

Schon frühzeitig kamen mit den römischen Legionen Christen aus dem Orient an den Niederrhein. Sind die Erzählungen vom Märtyrertode des heiligen Cassius in Bonn, des heiligen Victor in Xanten und des Cohortenführers Gereon mit seinen Genossen in Köln [2]) auch Legenden, so treten dieselben doch schon sehr frühe auf. Sie stehen im Zusammenhange mit der Kirche „ad aureos martyros", die Venantius Fortunatus in seinem Lobgedicht vom 6. Jahrhundert auf den Bischof von Köln mit den Worten rühmt: „aurea templa novas specioso fulta decore". Auch die in den Jahren 1845 und 1813 in der Nähe des Waisenhauses gefundenen, mit einem Nagel durchbohrten Schädel [3]) hat man mit der Decimirung der Thebaischen Legion in Zusammenhang gebracht.

Die Legende vom Märtyrertode der heiligen Ursula mit den 10000 Jungfrauen weist auf die Zeit der Rückkehr der geschlagenen Hunnen hin, auf das Jahr 451. Sind solche Legenden auch an und für sich oft ein gefährliches Zeugniss, so liegt ihnen doch, wie dies schon Grimm aussprach, oft, wenn sie richtige Zeitbestimmungen enthalten, ein historischer Kern zu Grunde.

Wo jetzt die Cäcilienkirche steht, wird von Ammianus Marcellinus schon im Jahre 355 bei der Ermordung des Kaisers Silvanus ein christliches Bethaus genannt, und die Kirche Maria alta soll an der Stelle römischer Gebäude im Anfange des 8. Jahrhunderts von Plectrudis, der Stiefmutter Karl Martell's, erbaut sein.

Wirklich selbstständige Kirchen und Pfarreien sind in Köln erst für diese Zeit nachzuweisen, aber solche alte Kirchen weisen hier wie an andern Orten, wo bestimmte Alterthumsfunde fehlen, auf historisch wichtige Stätten der Römerzeit oder gar der germanischen Vorzeit zurück.

Kaiser Constantin's Mauern und Brücke in Köln sind zerstört, aber das Kreuz, welches sein Labarum mit den Worten „in hoc vinces" trug, hat sich über allen Trümmern erhalten, es war das Symbol für den wichtigster kulturhistorischen Fortschritt in jener Zeit, des siegreich erstehenden Christenthums.

Schon Plinius sagt im 24. Briefe des achten Buches an Maximus

„Reverere gloriam veterem, et hanc ipsam senectutem, quae in homine venerabilis, „in urbibus sacra est."

In diesem Sinne und auf Grund der gegebenen geschichtlichen Skizze übergeben wir der wissenschaftlich ergänzenden Theilnahme des Lesers nachfolgendes Fundverzeichniss nebst einer Fundkarte für das altrömische Köln.

Auf erschöpfende Vollständigkeit kann diese Arbeit schon insofern keinen Anspruch

---

1) Ennen, Geschichte der Stadt Köln, Bd. I S. 89.
2) B. J. 10 S. 186; 26, 38. Winckelmann's-Programm 1855. Brevier der Priester (Bollandisten). Gregor von Tours und Usuardi Martyrologium.
3) Vgl. Köln. Zeit. 2. Sept. 1863 II. Bl. und Fundverzeichniss XI B Waisenhaus.

machen, als sie nicht die Tausende gefundener Metallarbeiten, werthvoller Gläser und Thongefässe, Münzen etc., sondern nur das historisch Wichtigste aus den Museen, aus den reichen Privatsammlungen und aus den betreffenden Schriften geben konnte. Die oft zweifelhaften, oft sehr wichtigen Fundstätten sollten durch Verzeichniss und Karte mit Beziehung auf die Römerstrassen, Römerkanäle und römischen Befestigungen wenigstens angedeutet werden, um einen Rahmen für weitere Betrachtungen, neue Funde und Untersuchungen zu bilden. In der Hauptsache folgt das Fundverzeichniss dem Katalog des Wallraf-Richartz-Museums, welcher in dritter Auflage 1885 von Herrn Professor Dr. H. Düntzer meisterhaft redigirt erschienen ist.

XI. Fundverzeichniss für die beifolgende Fundkarte.

A. Kölner Legionslager.

a) Nördlicher Theil.

Appellhof		WR. II 92.	Torso eines **Ganymed**, ein zweites schöneres Exemplar bei Nippes vor dem Eigelsteinthor gefunden II 93.
		107.	**Castor** beim Opfern.
		117.	Zwei abgebrochene **Junoköpfchen** mit Diadem und Schleier.
		118.	**Junoköpfchen** mit Diadem ohne Schleier.
		125.	Torso eines sitzenden **Imperator**.
	B. Pr. M.		Torso einer **weiblichen Figur** und Lampen.
Burgmauer,	Kloster zum Lämmchen II 3.		Weihestein des **Juppiter**, vom kaiserlichen Legaten **L. Aem. Carus** gesetzt.
	Garten von Nr 21 etc.	10.	Altar des **Mercurius Cissonius**.
		13.	Kleiner Altar der **Diana** von **Tacit(i)nius Tatucus** gesetzt.
		14.	Altar der **Diana** von **einem Centurio der 6. Legion** zu Anfang des 2. Jahrhunderts gesetzt, der nach der Inschrift das Vivarium des dortigen Amphitheaters, zwischen Appellhof und Berlich, mit einer Mauer umgab.
		16.	Kleiner Altar der **Fama** von **Peninus** gesetzt.
		17.	Kleiner Altar des **Honor** und **Favor** von **Saturninius Lupulus** gesetzt.

Anmerkung. Der Katalog des Wallraf-Richartz-Museums ist mit WR., das Bonner Provinzial-Museum mit B. Pr. M., Brambach's corpus inscriptionum mit Br, die Bonner Jahrbücher des Vereins von Alterthumsfreunden sind mit B. J., die Winkelmanns-Programme desselben mit W. Pr., die Westdeutsche (Pick'sche) Zeitschrift Corresp.-Bl. mit W. Corr. Bl. bezeichnet.

	18.	Kleiner Altar der **Fortuna** von **Firmus** gesetzt.
	41.	Altar der **Matronae Aumenalenae** von **C. Caldinius Cassius** gesetzt.
	81.	Altar der **Matronae Axsinginehae** von **M. C. Paternus** gesetzt.
	90.	Altar der **Matronae Afliae** von **M. M. Marcellus**.
	II 113.	**Juno** in langem Gewande auf einem Sessel.
	128.	Marmoraschenkasten des neunjährigen **Epitynchanus**.
	134.	Marmoraschenkasten des **M. Ulpius Januarius**.
	147.	Altar mit Reliefs des **Hercules, Apollo** und **Mercur**.

Zur Vervollständigung dieser Götterwelt sei hier die werthvolle Statuette der **Pallas Athene** genannt, welche Herr Merkens mit der Bezeichnung „de Cologne" (Collection Gréau Nr. 1084) in Paris kaufte, während eine zweite **Pallas Athene**, in der Nähe der Alteburg gefunden, im Besitz der Frau Stein ist. In der schönen Privatsammlung des Herrn Merkens befindet sich ferner ein in Köln gefundener **Apollo** mit Cither und Plectron.

Porta praetoria (Nordthor).	W. R. II 12 und Br. 332.	Altar der **Diana** von einem **Centurio Flavos** der Leg. I. Min. gesetzt.
	II 94.	Kopf eines wasserspeienden **Löwen**.
	261.	Reste des dortigen Thores aus dem 4. Jahrhundert mit **C. C. A. A**, nach v. Quast der einzige oberirdische Rest der Colonia, jetzt an der Schule bei Maria alta.
	W. R. Catal. S. 120.	Vor dem Westportal des Doms wurde ein Capitäl mit der unerklärten Inschrift gefunden **R. P. P. C. C. S.**
Nahe Fettenhennen.		
	W. R. II 38.	Relief **dreier Matronen**.
	44.	Altar der **Matronae Vallamaeneihiabus**.
Margarethenkloster II 120.		Säulenstumpf mit vierseitigem **Stein-Relief**.

Bei Fettenhennen Nr. 5 giebt Broelmann's Epideigma und Bossart's „securis ad radicem" einen **Merkurtempel** auf Grund zahlreich dort gefundener Architekturreste, in dessen Nähe, wie einst in Rom. der **goldne Meilenstein** als Ausgangspunkt aller Entfernungsbestimmungen für die Strassen angenommen wird, 150 m östlich vom Berlich, wo zwischen Römergasse und Mariengartengasse der **römische ‚Wacht- und**

Signalposten, auch als trigonometrischer Punkt dienend, neben dem Amphitheater stand, auf dem höchsten Punkt (+ 57 m) der Stadt.

Wallrafsplatz

	II 11.	Altar des **Mercur** von einem **centurio Fl. Victorinus** der **30. Legion** gesetzt, scheint dem 2. Jahrhundert anzugehören.
	132.	Weihestein des **Severus Maximus**.
	223.	Theile eines **Gedenksteins für Errichtung eines Gebäudes** durch Kaiser **Commodus**. Der Stein, von welchem andere Stücke am Rathhausplatz gefunden sind, wird dem 2. Jahrhundert zugeschrieben.
	B. J. 43 S. 122.	**Opfergeräthschaften**.
	Litsch W. R. II 63.	Relief eines **Lautenspielers**, zweifelhafte Arbeit.
	Domkloster Nr. 2 II 26.	Weihestein des ägyptischen **Sol Serapis** und seines heiligen Lagers, gesetzt von einer Kölnerin **Dextrinia Justa**.
Domhügel	nordöstlich vom Dom W. R. II 7.	Aeltester Kölnischer Gedenkstein an den Bau eines **Mercur-Tempels** unter Kaiser **Titus** (79—81) (nahe der Trankgasse gefunden).
	8.	Reliefbild des **Mercur**.
	27.	Weihestein der **Focarier**.
	32.	Weihestein der gallischen Pferdegöttin **Epona**.
	35.	Bruchstück eines **Reliefbildes**, eine Flucht darstellend.
	150 u. 158.	Ziegel der **Leg. I Min., VI, XV, XXX, transrhenana** und solche **germanischer Cohorten**.
	163 u. 164.	**Architektonische Reste**.
	B. J. 53/54 S. 199.	Bei den Herstellungsbauten am Dom 1866 wurden **römische Lagermauern und Türme** gefunden, Baureste und Fundamente aus römischer und fränkischer Zeit, **ein achteckiges Wasserbecken** von 2 m lichter Weite mit Wasser-Zuleitungsröhren.
	S. 266.	Nach Prof. Düntzer lag in dieser Gegend des Domhügels das **Capitolium**, wo von Andern das vetus palatium gesucht wurde (B. J. 37, 67). Der Domhof war das römische **Forum** neben dem **Capitol** mit dem **Campus Martius**, und am Fuss des Domhügels lag der **Hafen** für die Rheinschiffe.

Frankenplatz	W. R. II 15.	Altar „**Dianae sacrum**" von **Q. Vettius Rufus, centurio der 22. Legion** gesetzt zu Anfang des 2. Jahrhunderts (Br. 328).
	. 37.	Reliefbild **dreier Matronen**, in einer Nische sitzend.
	148.	Säulenrest mit Arabesken verziert.
	159.	**Relief** zweier Figuren, verwittert.
	162.	**Korinthisches Kapitäl**.
	218.	Rest eines **weiblichen Standbildes** mit Aschenkrügen.

b) Oestlicher Theil (Rheinseite).

Unter Gottesgnaden	(am Domhof) W. R. II 210.	Grabsteinsäule eines **Aurelius**.
Budengasse	II 24.	Weihestein des **Dis** und der **Proserpina**, in bedeutender Tiefe gefunden.
	112a.	**Frauenkopf** mit Locken.
Laurenz(Moltke)-platz	II 56.	Kolossalmaske eines **Flussgottes**.
	74.	Schöner Rumpf eines **Imperator**.
Rathhausplatz	II 153d.	Ziegel der **XXII. Legion**.
	154.	**Säule** von röthlichem Sandstein.
	223.	Theile eines **Gedenksteins** (siehe Wallrafplatz) **für Herstellung eines Gebäudes**.

Ueber die im Jahre 1875 auf dem Rathhausplatze blossgelegten römischen Fundamente hat Herr Oberst von Cohausen ein Gutachten erstattet, welches im nächsten Heft der Jahrbücher des Vereins abgedruckt werden wird.

Bürgerstrasse	Br.331u.Ennen I S.90.	Inschriftstein 1630 gefunden, jetzt im Darmstädter Museum „**Dis conservatoribus Catulus**" etc., der als kaiserlicher Legat das baufällige Praetorium herstellen liess. Fundort nicht ganz zuverlässig.
St. Maria-Kirche		heisst noch im 13. Jahrhundert Maria alta, dann willkührlich Maria in Capitolio, B. J. 14 S. 97; 16 S. 47; 19 S. 64; 39 u. 40 S. 97; 50 S. 134.
	Kirche u.Umgang W. R. II 188.	Vier Reste einer **Stuckwand, Aschengefässe** etc.
	II 213. Ennen I S. 89.	Doppelter **Mosaikboden, Mauerreste** und **Steinfragmente**, im Jahre 1849 in 3 m Tiefe des Umganges gefunden, weisen darauf hin, dass hier unter der Kirche ein grosses römisches Gebäude stand

	Lichthof Nr. 14, II 127.	Marmorstatuette einer **Priesterin** auf grauer Granitsäule, Seite 126 als unecht bezeichnet.
	Kreuzgang-Grabkammer II 94.	**Grabstein mit Pinienschuppen**
	137.	Halbverwitterter **Tuffstein eines Grabes.**
	204.	Reste eines **Sarkophages** der **Livia Faustina.**
	225.	Grabstein der beiden **Adnamatius.**
	Br. 366.	Grabstein der **Valeria Prepis** (verloren).
Hochstrasse	W. R. II 46.	Reliefbild der gallischen Handelsgöttin **Nehalennia**, in einer Nische auf einem Sessel sitzend. Gefunden Hochstrasse No. 56 zwischen Schilder- und Blindgasse.
	59a.	Rest eines **Grabdenkmals**, der Blindgasse gegenüber.
	176.	Grabstein eines Beamten **Fronto**, Hochpforte No. 24 unter der ehemaligen Stephanskapelle.
	II 33 und Br. 362.	Altar der **Malvisischen** Göttinnen und des **Silvanus** von einem Britonischen Soldaten gesetzt. Auf der Hochpforte nach Br. und Gruter „im Hause Helmann's" gefunden und schon im 16. Jahrhundert erwähnt.

c) Südlicher Theil.

St. Peters-Kirche deutet durch die dort gefundenen **starken Mauerreste**, die leider nicht gründlich verfolgt sind, auf wichtige römische Bauwerke hin, vielleicht der Südwestecke des Römerlagers (B. J. 39/40 S. 114). Nach Ennen I 90 wurden schon beim Bau der neuen Schule von St. Peter auf dem Caecilienplatz im Jahre 1861 in 3 m Tiefe **starke Fundamente eines Römerbaues mit Ecktürmen** gefunden, Heizvorrichtungen, **Reste von Mosaikfussböden** etc., möglicherweise vom Praetorium oder Hauptquartier des Militärlegaten, in welchem Kaiser **Silvanus** im Jahr 355 wohnte und am damaligen Bethause, der heutigen **Caecilienkirche**, ermordet wurde. Auf jenes Gebäude bezieht sich wohl die Inschrift:

Br. 360.	In der südlichen Mauer der St. Peterskirche gefunden, dass zur Zeit des **Theodosius, Arcadius, Eugenius** (390 n. Chr.) auf des **comes Arbogastes** (?) Befehl, **Aelius dies verfallene Gebäude** neu herstellen liess.

	Br. 361.	Grabinschrift am Turm der Peterskirche des **Sentius Ursicinus** (vgl. oben VIII?) für seine Gattin.
	W. R. I 30.	Im Garten des Bürgerhospitals, nach der Lungengasse hin wurde im Jahr 1844 in 4 bis 5 m Tiefe der **Mosaikboden der Weisen** gefunden, die Zierde des Kölner Museums, wahrscheinlich dem 3. Jahrhundert angehörend. Siehe B. J. 8 S. 76 und W.-Pr. 1845 S. 3 f.
	9.	Weihestein des **Mercurius Arvernus**.
	120.	Stein mit **Relief auf einem Säulenrest,** in's 2. Jahrhundert datirt.
	136.	Aehnlicher Stein.
	126.	Grabstein eines Beamten (duumvir) **Faustus ex Varis** (einer Ortschaft wahrscheinlich bei Köln).
	242.	Platter Sarg mit Deckel.
St. Cäcilienkirche	W. R. II 171.	In 4 m tiefem Schutt einfacher, schwarz und weisser **Mosaikfussboden**.
	234.	**Zwei Mosaikfussböden**.

Nach v. Quast „altchristliche Monumente aus dem 8. Jahrhundert, conférence arch. Paris 1855" zeigte der nördliche Theil von St. Cäcilien **Arkaden von moëllons mit römischen Ziegelsteinen** (B. J. 33/34 S. 169).

Cäcilienstrasse	II 21.	Altar mit **Minerva** und **Hercules**-Relief.
	124.	Altar mit **3 Reliefs** und Säule.

d) Westlicher Theil.

Glockengasse	W. R. II 103 a.	Beim Theaterbau im Jahre 1870 Altar mit **8 Reliefs, Polyhymnia, Andromeda, Orest, Pylades, Orpheus, Eurydice**.
Mörser- und Elstergasse	II 170.	**Mosaikfussboden**.
	I 19.	**Granitsäule** (auf derselben eine Marmorbüste der **Cleopatra** mit der Schlange).

B. Im übrigen Köln.
ausserhalb des Römerlagers bis zur Stadtbefestigung des 12. Jahrhundert.

Inselrevier Im eigentlichen Inselrevier bezeichnen bis jetzt keine Funde die historisch denkwürdige Stelle, wo in der Salzgasse statt der späteren Kapelle die ara Ubiorum und in deren Nähe das Wohnhaus des Germanicus gestanden haben. Als **ara Ubiorum** galt in Bonn einst der dort auf dem Römerplatz im Jahre 1809 aufgestellte Altar, jetzt im Universitäts-Museum und in dessen Katalog unter 77 aufgeführt. Von dem c. 2 m hohen Altarstein mit der Inschrift „**Deae victoriae sacrum**" wird hier gesagt, dass er wahrscheinlich in Köln gefunden sei. Siehe E. Alteburg Br. 380 und B. J. 26 S. 62.

Bolzengasse Nr. 12
    W. R. II 136. Rest einer Granitsäule für einen Stein mit Relief, ähnlich II 120 bei der Peterskirche.

Filzengraben I 16. Schöne Granitsäule, an der sich oben Reste des Astragalus befinden.

    104a. Grabstein eines Soldaten der **XVI. Legion** aus dem 1. Jahrhundert n. Chr.

Georgstrasse II 139. Grabstein mit unleserlicher Schrift.

    228. Grabstein des **Lardarius** und der **Tatta**.

Bayenstrasse Ed. Herstatt. Beim Neubau des Kaaf'schen Hauses, Bayenstrasse 53D, wurden schöne Gläser aus der Römerzeit gefunden, im Besitz des H. Kaaf.

Sionsthal Ed. Herstatt. Bei Anlage der Gasfabrik wurden zahlreiche römische **Gefässe, Gläser, Urnen, Münzen** etc. gefunden, die nach Trier, Bonn und Köln kamen, theilweise in den B. J. 35 S. 49 beschrieben, dabei der Becher mit der Inschrift **Felo vinum Tili dulcis** (Br. 369).

    Wolff. Aus derselben Gegend nahe der Rosenstrasse erhielt Hr. J. H. Wolff interessante Funde, von denen er ein **Ringgefäss** von weisslichem Thon mit 3 kleinen Vasen und der Inschrift „**Exsuperia donavit Justine. Uti felix salus tibi donavit, vivat qui fecit**" etc. dem Bonner Provinzial-Museum zuwendete, ebenso wie einen metallenen Spiegeldeckel mit **Nero-Büste** und bezüglicher Inschrift. B. J. 71 S. 114 und Abbildungen.

Severinstrasse,	Karmeliter-kloster (zum Dau)	
	W. R. II 198.	Grabstein eines neunjährigen Knaben **Lupassius** mit Inschrift in Hexametern.
	203.	Stück eines Sarkophags mit Inschrift für einen Beamten **M. Gavius Primus**, von seiner Gattin gesetzt.
	Achterstrasse II 208	und Br. 367 Grabstein eines **centurio der XXII. Legion, Sennianus**.
	Br. 368.	Grabstein der beiden **Antonine**, verloren.
St. Severinkirche,	Gräberfeld,	wo an der Schule zwischen St. Severin und der Annostrasse in 3 bis 4 m Tiefe **einige 20 Gräber** gefunden sind, theilweise mit Inschriften und Beigaben. B. J. 42 S. 194 durch Zeichnung erläutert.
	W. R. II 178.	**Grabstein** der Frau eines Geldwechslers (negotiator nummularius) **Viperinus**.
	233a.	**Grabrelief** eines Trinkenden.
	259 u. 260.	**Särge** aus rothem Sandstein, dazwischen eine mittelalterliche Säule mit Capitäl.
	Br. 368 bis 372.	Verloren gegangene **Inschriftsteine**.
	Br. 422.	**Glasschale** mit zwölf figürlichen Darstellungen in kleinen Goldmedaillons zwischen kleinen goldenen Sternchen aus der ehemaligen Sammlung Disch im Jahre 1881 für 6400 M. an das Britische Museum verkauft, ein Beispiel des hohen Werthes dieser römischen Gläser, im 36. Heft der B. J. mit trefflichen Abbildungen veröffentlicht. Derartige Funde in Köln siehe W. Corr. Bl. I 39 und 52.
	Wilhelmstrasse II 180a.	Grabstein des **Mellonius Eraclius**.
	Ferculum II 219.	Grabstein des **L. Avitianus**.
	Hr. Wolff	besitzt zwei in jener Gegend gefundene schöne rothe **Urnen** in trefflicher **Barbotin-Arbeit**, die eine mit einer Jagd, die andere mit Lotusblättern.
Ferculum und Silvanstrassenecke	Prof. Klein B. J. 80 S. 158.	Mehrere Särge aus Jurakalk, Thongeschirre. **Grabstein** der **Julia Lupula**.
Silvanstrasse	Prof. Klein	Grosser **Steinsarg** von Sandstein, darin eine **Glasschale**, ein spätrömischer hoher **Trinkbecher**, eine **Henkelflasche** von Glas und eine kleine **Glas-**

	Am Severinswall Nr. 3 II 85.	schale mit Griff und gelben Filigranverzierungen. Ein zweiter Steinsarg aus rothem Sandstein. Löwe über einem Eber, Abbildung B. J. 39/40.
	85 a.	Fries mit Blätter-Arabesken.
Paulstrasse	Ed. Herstatt.	Bei Neubauten wurden zahlreiche römisch-fränkische Gläser gefunden, ein Trinkhorn und ein Fässchen mit blauen Glasfäden umsponnen, welche in die Sammlung von Disch kamen und dann zu hohen Preisen in's Ausland gingen.
Weyerstrasse	Prof. Klein B. Pr. M.	Steinsärge mit einigen Thränenfläschchen und Lampen mit figürlichen, meist obscönen Darstellungen.
Waisenhausgasse	B. J. 26 S. 166; 36 S. 158; W. Pr. 1855.	Im Jahre 1845 aufgefundene Schädelstätte, von 67 Schädeln, 19 mit eisernen Nägeln durchbohrt, nach Braun wahrscheinlich der thebaischen Legion angehörend (Ennen I S. 65). Ebensolche Schädel wurden hier 1863 gefunden und von Schaaffhausen a. a. O. beschrieben.
Grosser Griechenmarkt	W. R. II 168.	Mosaikboden mit Medaillons, in den B. J. 41 S. 129 beschrieben. Ein zweiter Mosaikboden in der Nähe, hinter der Ortmannsgasse im Jahre 1877 gefunden.
Telegraphenstrasse	Br. 358.	Sargtrog mit grünem Stein und der Stempel-Inschrift Diazmyrn und Isochrysum. Ausserdem darin ein hornartiger Messerstiel mit der Inschrift Multis annis.
	Br. 359.	
Mauritiussteinweg	Br. 356.	Becher mit Vivamus B. J. 35 S. 48.
	Br. 421.	Gewichtstein mit zweizeiliger Inschrift.
Mauritiuskirche	W. R. II 3 a.	Zwischen Kirche und Pfarrhaus Jupiter-Altar mit Platte, wahrscheinlich für ein Standbild, von L. Baebius Senecio gesetzt. An derselben Stelle Weihealtar den Medicinis von Marinia Antulla gesetzt.
	II 42 a.	
	Frankstrasse Ed. Herstatt II 192 a.	Mosaikfussboden mit Antikaglien und Glassachen.
Schafenthor	II 211.	Zwei Tuffsteinsärge.
Benesisstrasse	Herstatt Br. 354. B. J. 5 S. 377.	Werthvolle Vasa diatreta, darunter eines mit der Umschrift Bibe multis annis, in 2 römischen Steinsärgen, sie kamen 1860 an König Ludwig von Baiern und nach Berlin. Münzen Trajans und Constantins.

Lungengasse	W. R. I 3.	Weihestein des **Juppiter** von **M. Aem. Crescens, Befehlshaber der deutschen Flotte** gesetzt, in 3 m Tiefe gefunden.
	II 78.	Bekleideter weiblicher Torso.
	II 254.	**Wasserleitungsröhre** von Thon, 0,26 m Durchmesser, wahrscheinlich mit der Hauptleitung der Cäcilienstrasse in Verbindung.
	Im Jahre 1885	wurde Lungengasse Nr. 21 in 1½ m Tiefe ein werthvoller theilweise zerstörter **Mosaikfussboden** ausgehoben.
Neumarkt	W. R. II 136 a.	**Minervakopf**, vielleicht der einer Roma, von weissem Marmor, 1882 vor dem Hause, Neumarkt 8, zwischen Olivengasse und Richmodstrasse mit dem Stück einer Inschrifttafel, dem Bruchstück eines Säulenstumpfes und den Resten eines Fundamentes gefunden.
Apostelnkloster	II 191 u. 196 a.	Bruchstücke römischer **Mosaikfussböden.**
	212.	Bruchstücke eines **Mosaikfussbodens** mit Enten.
	257 a.	**Mosaikfussboden.**
Apernstr. Nr. 17	I 2.	**Juppiter-Altar.**
Magnusstrasse	W. R. S. 17, B. J. 41 u. 71.	Werthvolles weisses **römisches Glas**, Affenglas, aus der Sammlung Disch für 3000 M. gekauft.
Norbertstrasse	II 214.	Starker schöner Sarg von Jurakalk.
	II 156. W. Corr. Bl. II 36.	Zwischen Norbert- und Steinfeldergasse Grabstein eines **centurio Victorinus der 7. legio gemina**, aus dem 1. oder 2. Jahrhundert, siehe Katalog S. 122 Anmerk.
Friesenstrasse	Wolff.	Bei Kanalisirung der Strasse zwischen Norbertstrasse und Friesenwall wurden broncene **Militär-Fibulae, Urnen, Gefässe, Schmuckkugeln** von Glas, zwei **Schwalben** von weissem und blauem Glase, **Münzen** u. s. w. gefunden, theilweise im Besitz des Hrn. J. H. Wolff.
Spiesergasse	Br. 347.	Gefässe mit Inschriften H A V E etc.
	Wolff.	Auf dessen Grundstück Nr. 10 **Schüssel** (30 cm) von schönem Thone **mit 3 Tassen** und dem Stempel A A V, vielleicht gallisch, ferner **3 Silbermünzen** (springendes Pferd).
		Militär-Fibulae, Lampen mit Legionsadler, mit Todtenmaske und Eichenkranz (**vale**).
		Zahlreiche **Urnen, Gläser, Schalen, Thongefässe**

		römischer und vorrömischer Zeit u. s. w. (B. J. 68 S. 152) deuten auf dies älteste Gräberfeld von Köln, im Zusammenhang mit dem von Gereon.
Gereonskirche	W. R. II 40.	Altar der **Matronae Mahlinehae**.
	41a.	Theil eines kleinen Matronen-Altars.
	43a.	Theil eines kleinen Matronen-Altars der **matres Suleviae**.
	52.	Weihestein mit Relief eines Grundbesitzers **ex vico Lucretio**.
	138.	Grabstein eines Veteranen, **Saturninus der I. leg. Minervia**.
	II 201.	Grabstein des **L. Vicarinius Augustus**, von seinen Kindern gesetzt, in das 1. Jahrhundert datirt.
	Br. 346.	**Juppiter-Gemme** mit der Umschrift **Jovem Formanum colegi restituit**.
	Br. 350.	Grabstein, **Optael nomen sis natum** etc.
	Br. 351.	Grabstein, gesetzt von einem Fahnenträger der I. Legion Minervia.
	Br. 352.	Grabstein, **Severo negot. cret**.
	W. Corr. Bl. I 76.	Bei Restaurationsbauten in St. Gereon zwischen Taufkapelle und Sakristei wurde 1882 in 1 m Tiefe der Rest eines **Mosaikbodens** gefunden.
Gereonshof	II S. 16.	**Krüge, Gläser** und **Figuren** mit Inschriften.
	II 225a.	Grabstein des 15jährigen **Fuglio**.
	W. Corr. Bl. I 62.	**Vier Steinsärge**, 1882 gefunden.
Gereonsstr. Nr. 25	II 199.	Reliefbild eines **Grabmals**.
	205.	Grabstein eines thrakischen Reiters **Longinus Biarta** der ala Sulpicia, mit dem Relief eines Mahles, datirt in das 1. Jahrhundert.
Eintrachtstrasse	Br. 883.	Altar der **Dea Fortuna**. ⎱ verloren.
	Br. 884.	Säulenbasis, **Deo Invicto**. ⎰
Am Klingelpütz	W. R. II 172.	Tuffsteinsarg.
	II 257.	Tuffsteinsarg.
St. Ursulakirche	B. J. 55 S. 136.	Prof. Düntzer giebt in einem trefflichen Aufsatz die historisch wichtige **Weihe-Inschrift des Clematius** in der Ursulakirche. Sie stammt aus der ersten Hälfte des 5. Jahrhunderts und ist die älteste Urkunde über die Gründung dieser Kirche zu Ehren der jungfräulichen Märtyrer in Köln.

B. J. 76 S. 81.	Prof. Schaaffhausen erklärt das für die Geschichte der St. Ursulakirche und für die Verbreitung des Isisdienstes in der Römerzeit wichtige Denkmal einer kleinen **Isisstatue**, die dort im Jahre 1882 an der Nordseite des Hauptschiffs als romanisches Säulen-Kapitäl eingemauert gefunden wurde, mit der Inschrift: „**Isidi invicte**". Es ist das ohne Kopf gefundene Skulpturbild aus Jurakalk nach einer Photographie in jenem Heft dargestellt, und die Entwicklung der religiösen Kulte in ihrem geistigen Zusammenhang geschildert, der uns die Römerstadt als ein grossartiges Pantheon erscheinen lässt. Der Verfasser macht es wahrscheinlich, dass an dieser Stelle ein Isistempel gestanden hat. Es schliesst sich hieran
B. J. 78 S. 125.	eine interessante Abhandlung des Dr. Wiedemann, welcher eine **Isis-Bronce-Statuette** mit dem **Horuskinde**, dem Lichtgott, erwähnt. Dieselbe ist nach S. 16 des Katalogs W. R. wahrscheinlich in einem römischen Grabe in Köln gefunden. Das Bild gehört der saitischen Periode an, der Zeit vom 7. bis 4. Jahrhundert v. Chr., und ist unter den zahlreichen andern ägyptischen Denkmälern des Museums jedenfalls ein echtes Stück.
W. R. II 189.	Sarkophag vom decurio eines Reiterkorps seiner Gattin **Apollonia Victorina Bessula** geweiht.
	Verloren sind leider folgende Inschriften:
Br. 321.	**Matribus Paternis.**
322.	**Fatis.**
323.	Grabdenkmal zweier Knaben, eines **Flötenspielers** und eines **Schnellschreibers** (Ennen I S. 30).
324.	**Tib. Malnonius Victor.**
325.	**Carthaginensis** praef. leg. III Aug.
326.	**Lepidi f.**
327.	**Sulpicius.**
895.	**G. Avillius C. f. Epaphra.**
Ursulagartenstr. Ed. Herstatt.	Zu den bereits genannten Gräberfeldern St. Severin, Waisenhaus, Spiesergasse und Gereon kommt die grossartige **Begräbnisstätte** und das Verbrennungsfeld nördlich vom Römerlager an den Strassen nach Neuss und Vetera, ganz ähn-

lich wie beim Bonner Lager 500 m nördlich vor dem Thor. Wo im Mittelalter eine Weinbergshöhe nach Osten hin gerichtet lag, liess der Grundbesitzer Ed. Herstatt die Erhebung behufs Anlage einer Strasse 4 m tief abtragen. Er fand bis zu einer Tiefe von 8 m eine Unzahl von Aschenkisten, Stein- und Bleisärgen mit zahlreichen Gläsern, Gefässen, Lampen, Metallarbeiten, Münzen etc., welche theilweise in den Bonner Jahrbüchern beschrieben worden sind. Neben der ausgezeichneten Sammlung des Entdeckers bereicherten sich aus diesen Funden manche Privatsammlungen, sowie die Museen von Köln, Berlin, London; das Bonner Provinzialmuseum verdankt einige **100 Gefässe**, namentlich **Trinkbecher** mit Inschriften jenem Gräberfelde.

B. J. 71 S. 110 etc. Die frühere Sammlung von Disch, in den B. J. 71 beschrieben, enthielt nach S. 121 auch das zweifelhafte **diatretische Pokalglas** aus der Ursulagartenstrasse. Die weitverbreiteten Funde spielen auch in der Literatur und deren Streitschriften eine Rolle.

	W. R. 226 u. 230.	Zwei Tuffstein-Aschenkisten mit Inhalt.
Salzmagazinstr.	W. R. II 177.	Grabstein eines Untersteuermanns der deutschen Flotte, **Horus** aus Alexandria in Aegypten.
Eigelsteinstr.	II 200.	Grabstein eines Soldaten **Tuttius** der 22. Legion aus Noricum aus der Zeit des Kaisers Trajan.
	II 206.	Grabstein eines Soldaten der 1. Tracischen Cohorte, **C. Julius Baccus**, aus Lugdunum, datirt in die 2. Hälfte des 1. Jahrhunderts.
	II 207.	Grabstein eines Soldaten der 6. Legion, Anfang des 2. Jahrhunderts.
	II 220.	Grabstein eines Britonischen Soldaten **Sen(ti)us Vitalis** der 6. Cohorte der Freien, Anfang des 2. Jahrhunderts.
	II 221.	Grabstein mit Relief des **Mansuetus** der 3. Lusitanischen Cohorte, Ende des 1. Jahrhunderts.

Die genannten Gräber lagen 3 bis 5 m tief unter dem jetzigen Strassenpflaster, sie enthielten nebst andern Beigaben die S. 15 des Katalogs W.-R. erwähnte **Broncefigur eines Soldaten aus der Zeit Trajan's**.

Machabäerstr.	Ursulinerkloster	
	W. R. II 25. Br. 313.	Altar der Göttin **Semele** und ihrer 3 Schwestern.
	II 31. Br. 316.	Altar der **Diginea**, sonst unbekannter gallischer Gottheiten.
	II 130.	Grabstein eines Reiters **Julius**.
	169.	Aschenkiste aus Tuffstein.
	239.	Sandsteinsarg mit Urnen und Krügen.
Cunibertskloster	W. R. II 57.	Bruchstück einer räthselhaften Inschrift, **Audacia** etc.
	181.	Grabstein eines Kölner Parfümeriehändlers **Justinus**.
	183.	Grabstein mit Relief eines Veteranen **Maternus der I. Legio Min.**
	184.	Grabstein eines **Befehlshabers der Kaisergarde, Probinus**, 3. Jahrhundert.
	188 a.	Stück eines schönen **Mosaikbodens**.
	Br. 314.	**Deae Hariasae** ⎫
	315.	**Herclinti sacrum** ⎬ verloren.
	317.	**Simplex sepii eques** ⎭
	Br. 318.	**Romanus centurio protectorum**, jetzt im Bonner Univ.-Mus. No. 105, erinnert an die Begleiter des Ursicinus bei Ermordung des Silvanus in Köln im Jahre 355 (Amm. Marcellinus XV 5).
Marzellenstr. 12	an d. Bahnhofstrasse	
	W. R. II 86.	Kleiner Altar der **Lucretischen** und **Drovischen** Göttinnen (B. J. 48 S. 124).
Maximinenstr.	II 243 a.	Sarkophag des T. Fl. **Superus der 30. Legion**, siehe vorstehend Cunibertskloster Br. 318.
Trankgasse	II 49.	Altar der **Matres Mediotautehae**, geweiht von einem Veteranen **Julius Primus** der 1. Legio Min.

C. Deutz.

Deutzer castrum	W. R. II 55.	Abgebrochener Weihestein mit der Inschrift **P. L. M.** (posuit lubens merito), gef. 1828 in einer Gussmauer.
	131.	Architektonische Steinreste, gef. mit 55.

Brambach sagt im Appendix S. 362, 26, dass eine Inschrift des

Deutzer Abtes Rupertus, der im 12. Jahrhundert über den Brand von Deutz schrieb, angiebt, Constantin habe nach Besiegung der Franken das castrum Divitensium erbaut. Nach Broelmann (Br. App. 27) zeigten die römischen Ziegel des Deutzer Castrums, welche beim Bau der Kirche Pantaleon verwendet wurden, den Stempel **RO**, theilweise **C. A. P. CAPIT. MAL**.

Br. führt aus dem castrum Divitense folgende sechs bis auf Nr. 439 jetzt verlorene Inschriftsteine auf:

    438. **O. Rufino** etc. mit Reliefornamenten.
    439. In honorem domus divinae **Jovi optimo maximo** etc.
    440. **Matribus Suebis Aemilius Primitivus.**
    441. **Deae Nehalenniae Erlattius.**
    442. **Deae Nehalenniae Saturninus Lupulus**, beide Steine also auf den Deutzer Handelsverkehr hinweisend.
    443. **Regula** etc.

Bei den Ausgrabungen des Deutzer Castrums 1879/80 wurden gefunden nach den

B. J. 68 S. 18.   Kopf einer **Porträt-Statue** und **Grabsäule** etwa 1 m hoch, mit Pinienschuppen und Band, ganz ähnlich der in Köln bei Niederlegung der Stadtmauer 1881/82 gefundenen Grabsäule, wie solche auch in Mainz und Bonn vorkamen (W. R. II 149a).

B. J. 68 S 22 mit Zeichnung.   Am Ostthor des Castrums eingemauerter Inschriftstein für **M. Aur. Antoninus** und **L. Aur. Verus** in das Jahr 163/5 datirt.

Ein zweiter Stein des Castrums **S. Januarius Tribus**.

Ein Reliefstein giebt einen **Hirten mit Schafherde**.

Schöne architektonische **Skulptursteine** mit Blätterwerk.

B. Pr. M.
B. J. 73 S. 55 Taf. IV.   Auf der Rheinseite des Castrums beim Bau des Bergisch-Märkischen Bahnhofs kleine Broncegruppe, **Hercules im Kampf mit einer Amazone.**

Ausserdem auf der Rheinseite des Castrums Sculptursteine und Reste mehrerer Inschriften, darunter einer vollständigen: **J. O. M. et Genio loci Sextus Val. Verus.**

An Legionsziegeln wurden bei den Ausgrabungen und schon früher gefunden:
legio I Min. Antoniniana,

58

legio VIII Augusta,
legio XII im Jahre 1827,
legio XXII wie in Köln am Rathhausplatz II 153 d.

D. Im Rhein zwischen Deutz und Köln.

	W. R. I 20.	Marmorkopf des älteren **Scipio Africanus**, gefunden im Jahre 1800, kleiner als der Profilkopf I 9.
	II 83.	Kleines Bild des Phrygischen **Attis**, siehe Reliefbild II 82.
	96.	**Kröte,** ⎫ beide von poröser Basaltlava.
	101.	**Schlange,** ⎭

E. Vor und bei Köln.

Am Bayenturm	Br. 372.	Grabstein des **medicus Rubrius Leonta**, verloren.
	377.	Grabstein des Soldaten **C. Deccius der XX. Legion**, verloren.
	378.	Grabstein des **Tubabläsers Vettienus der XX. Legion**.
Vor dem Severinsthor	Br. 371.	Sarkophag des **Julius Verinus**, nahe am Thor.
	W. R. II 209.	Reste eines Grabsteins dreier Personen mit **Brustbildern**, darunter ein Veteran.
Clodwigsplatz Block 41, bei Neubauten im Jahr 1884		
	W. R. II 28 a.	Bruchstück einer **weiblichen Figur**, vielleicht Pomona, von einem Grabdenkmal.
	32 a u. b.	Ornamentirter Stein und Rest eines kannelirten Pfeilers.
	54 a, 65 a, 72 a, 139 a, 160 a b c.	Reste von Relief- und Architektursteinen.
	95 u. 95 a.	Zwei Gewandfiguren.
	104 b.	Stück einer Relieffigur.
	112 u. Seite 122	des Nachtrags W. R., werthvolles **Reliefbild, die Flucht des Aeneas**, der seinen Vater Anchises auf der Schulter trägt, seinen Sohn Ascanius führt. Anchises trägt das Kästchen mit den Hausgöttern, römische Darstellung der Sage.

	155a Nachtrag S. 122.	Grabstein als Altar für **Herculinius Nicasius Ovanda**.
	215a.	Reste eines **Grabdenkmals**
	B. J. 77 S. 57, 78 S. 135.	1 km vom Severinsthor wurden 1884 an der Römerstrasse nach Bonn zwei römische Grabsteine gefunden, des **Petronius Albanus** und der **Antonia Daphnis** (Prof. Klein).
Castrum Alteburg an der Strasse Köln-Rodenkirchen 2km v. Severinsthor	W. R. II 74a, b bis 173a.	Drei korinthische Kapitäle.
	II 75a.	Torso des Standbildes einer **gallischen Heilgöttin**.
	100a.	Unterer Theil eines **Standbildes**.
	Br. 879.	Grabstein der **Crispina Calva**, verloren.
	Br. 880.	Altar „**Deae victoriae sacrum**" deren ehemaliger Standort im Inselrevier von Köln, von Andern „auf der alten Burg" angegeben wird, siehe B. Inselrevier.
	Br. 881.	Altar **Castori Saturninus** etc., verloren.
	Br. 436.	Vier Ziegel der **legio VI. Vic. pia fidelis**, der **legio XXX. Ulpia victrix**, zwei der **cohortes Germanicae piae fideles (C. G. P. F.)**.
	Bei Anlage der Maschinenbaufabrik neben Alteburg fand Ed. Herstatt	drei grosse römische Steinsärge mit **schöngravirten römischen Gläsern**, einigen **40 Münzen** aus der Zeit Constantin's und des Carausius.
Arnoldshöhe, an der Bonner Römerstrasse, nordwestlich von Alteburg	B. J. 72 S. 59.	Grabstein eines Veteranen **Baebius** der XX. Legion **mit 6 Reliefporträts** (1882) Die Legion ging im Jahre 48 nach Britannien und kehrte nicht nach Germanien zurück. Der Erklärung des Prof. Düntzer ist eine Abbildung des Grabsteins beigefügt.
	B. J. 72 S. 69, W. Corr. Bl. I S. 3.	In der Nähe jenes Grabsteins wurden römische Alterthümer gefunden, **Kopf mit phrygischer Mütze**, Skultursteine, Thon- und Glasgefässe; es deuten diese Funde auf eine Gräberstrasse hin.

Vor Pantaleon am Einfluss des Duffesbach in die Stadt	W. R. II 249.	Kindersarg von Stein.
	193.	Sarkophag mit historisch interessanten Reliefs für einen Veteranen der 30. Legion **Severinius Vitalis**, in das 2. Jahrhundert datirt.
Vor dem Weyerthor	W. R. II 45.	Altar der **Matronae Andrustehiae**, an die Condrustehiae erinnernd (B. J. 44 S. 81).
	II 106. Br. 374.	Rest einer Aschenkiste mit **Reliefs** und Inschrift auf **Julius Speratus**, beschrieben B. J. 7 S. 94.
	W. Corr. Bl. III 88.	Steinsarg mit Thonkrügen, Gläsern etc.,
	II 182.	am Judenkirchhof, Grabstein mit Relief eines Freigelassenen **C. Messulenus Juvenis**.
	Br. 375. 376.	Grabschrift für einen **Praef. mil.** } verloren. Becher mit der Inschrift **Lude**
	B. J. 17 S. 133.	An der Reimser Strasse wurden im Jahre 1850 bei Bauten am Fort V in 9 m Tiefe **5 römische Glasgefässe** in einem Grabe gefunden, geschützt durch cylindrische Gefässe (durch Garthe ins Berliner Museum gekommen), ausserdem Graburnen und Glasflaschen.
	W. Corr. Bl. I S. 52 u. 62.	Zwischen Fort V und dem Weissen Haus wurden beim Festungsbau 1883 zahlreiche Steinsärge und Aschenkisten mit **Gefässen, Broncefiguren, Fibeln, Nadeln** etc. gefunden; von früheren Funden daselbst ist besonders hervorzuheben:
	Ed. Herstatt's	**Tropaeum**, in den B. J. 64 S. 77 beschrieben, und
	Wolff's	**Hermes**, Broncefigur, B. J. 64 S. 72. Das betreffende Heft giebt eine Uebersicht der antiken Denkmäler in Kölner Privatsammlungen von Dütschke. Ausser den Schätzen von Herstatt und Wolff verdienen die werthvollen Alterthümer von Merkens noch besonders erwähnt zu werden, dessen Sammlung von Gläser und Thonsachen in einem der nächsten Hefte der Jahrbücher genauer beschrieben werden wird.
Efferen 5 km vom Weyerthor	W. R. II 50.	Reliefstück eines Grabmals, eine Tempelnische mit zwei Figuren, wahrscheinlich Krieg und Frieden darstellend — zahlreiche Legionsziegel.

Vor dem Hahnenthor	W. R. II 190.	Zwei verzierte Steine, im Wallgraben gefunden.
	B. J. 79 S. 178	giebt Prof. Klein werthvolle Erläuterungen zu den im Jahre 1883 bei Bodenausschachtungen gefundenen massenhaften Scherben von **Gefässen, Schalen, Masken, Götterbildern, Figuren** aller Art, aus weissem Thon, die dort in 3 Thonfabriken gefertigt wurden.

Die Fundstelle am Hahnenthor nördlich von der Aachener Strasse zeigte in 1 bis 2 m Tiefe 5 runde Töpferöfen; die Fabrikate trugen den Stempel „**VINDEX C. C. A. A. ad cantunas novas**" der sich wahrscheinlich auf die Verkaufsstelle innerhalb der Stadt Köln bezog. Nach allen Anzeichen stammen die Gegenstände aus der zweiten Hälfte des 3. Jahrhunderts.

Gegenüber südöstlich vor. der Aachener Strasse wurden die Oefen einer zweiten Fabrik gefunden, aber nicht näher untersucht, deren Fabrikate den Stempel „**SERVANDVS C. C. A. A. ad forum hordiarium**" führten. Die Besitzer hatten wohl eine Verkaufsstelle am Gerstenmarkt, vielleicht im Inselrevier von Köln, wo die Fruchtmärkte der Stadt anzunehmen sind.

Eine dritte Fabrik des **ALLIVS** lag mehr westlich nahe den Oefen des Servandus.

Die Ortsbestimmungen jener Fabrikstempel finden für das altrömische Köln einzelne Analogien, wie in der Erwähnung des vicus Lucretius in der bei Gereon gefundenen Weiheschrift II 52, des Faustus ex Varis, vielleicht einem Dorf bei Köln, auf dem Stein II 126, der in der Nähe der Cäcilienkirche gefunden wurde. Es sind dies Andeutungen für das gewerbliche Leben damaliger Zeit, die auf den Vertrieb solcher Thonfabrikate, ausserdem auch auf Thonfabriken in oder bei Köln hinweisen (B. J. 78 S. 126).

	W. Corr. Bl. II 44.	An der Aachener Strasse wurde beim Neubau des Hauses Nr. 28 zwischen der Eisenbahn und dem Bischofsweg ein **werthvolles Glasgefäss** mit Doppelhenkeln in einer cylindrischen Tumba von Thon, ferner kleinere Gläser, Urnen, Schalen, Lampen, Würfel, Schreibgriffel u. s. w. gefunden.

Weyden, 8 km westlich vom Hahnenthor,	B. J. 3 S. 134.	jetzt im Besitz des Kaufmann Schäfer (Herzogstrasse). Weiterhin bezeichnen ein Steinsarg, wie auch Funde bei Melaten die römische Gräberstrasse auf Jülich. birgt das interessante unterirdische römische **Grabgewölbe** aus dem 3. Jahrhundert mit seinen Nischen, Büsten, Figuren, Sarkophag, Sesseln, Gefässen etc., welches durch Zeichnungen in dem genannten Heft erläutert wird.
	Br. 447.	Glasgefäss mit der Inschrift **Firmi Hilari Hylae**.
	Br. Appendix 28.	Unächte Inschrift, im Jahre 1718 gefunden. **I. O. M. Faustinianus centur. leg. XXX. Ulp. mon. e. dm.**
Müngersdorf	Ed. Herstatt.	Fundamente römischer Villen, Gräber etc.
Vor dem Friesenthor	B. Pr. M., Prof. Klein.	Am Friesenplatz hinter der Geub'schen Werkstätte fand man im Juli 1885 beim Ausheben einer Baugrube in 1½ m Tiefe zwei Tuffsteinkisten, in welchen ausser Knochenresten broncene **chirurgische Instrumente**, eiserne Messer mit Horngriffen, Flaschen mit Medicin, Gläser und Lampen lagen.
		Zahlreiche **Graburnen** begleiteten dort in 15 m Entfernung den alten Vogelsanger Weg, der zur Widdersdorfer Strasse führt und nach der Legende vom heiligen Gereon der Römerzeit angehört.
Vor dem Gereonsthor	W. R. II 5.	Grosser Altar des **Juppiter**, von weissem Sandstein rothgestreift und mit der Inschrift: **I. O. M.**
	II 121.	In derselben Gegend gefundene **Sandsteinfigur**, auf einem Sessel sitzend.
	II 252.	Am Nussbaumerweg in 6,5 m Tiefe gefunden, zwei Stücke einer **Wasserleitung** von Kalkmörtel, im Inneren 0,28, etwa 1 röm. Fuss weit, 1 m lang. Die Röhren waren mit Ziegelplatten eingedeckt, das Gefälle zeigte nach Westen.
Gereons Eisenbahndurchbruch	B. J. 38 S. 170.	Mauerreste von **Fundamenten einer Villa**, 12 m lang und breit, da wo der Bischofsweg den Güterbahnhof erreicht. Gussbeton eines römischen Bades mit Hypokausten und Dachziegeln.

Vor dem Eigelsteinthor	W. R. ⊏ 75.	Römisches Säulenkapitäl, am Wege nach Nippes gefunden, in der Nähe des Kreuzes.
	II 93.	Schöner Torso des **Ganymed mit dem Adler**, bei Nippes im Jahre 1864 gefunden, ähnlich dem Ganymed des Bonner Museums.
	II 175.	Grabstein an der Strasse nach Nippes, zerstörte Schrift; erkennbar ist **Mannuno Ingenuo**.

www.ingramcontent.com/pod-product-compliance
Lightning Source LLC
Chambersburg PA
CBHW020131010526
44115CB00008B/1067